Karolin Gerritzen
Jan Reschke

30 x DaZ
Grammatik für 45 Minuten

Fertige Stunden für Deutsch als Zweitsprache

Deutsch-Anfänger

Verlag an der Ruhr

Impressum

Titel

30 x DaZ für 45 Minuten – Deutsch-Anfänger
Fertige Stunden für Deutsch als Zweitsprache

Autorin/Autor

Karolin Gerritzen, Jan Reschke

Titelbildmotive

Kinderköpfe: © cirodelia – Fotolia.com;
Uhr-Icon, Notizzettel: © Verlag an der Ruhr

Illustrationen

Norbert Höveler (soweit nicht anders angegeben)

Druck

Heenemann GmbH & Co. KG, Berlin, DE

Verlag an der Ruhr
Mülheim an der Ruhr
www.verlagruhr.de

Geeignet für die Klassen 2–4

ISBN 978-3-8346-3774-1

PEFC zertifiziert
Dieses Produkt stammt aus nachhaltig bewirtschafteten Wäldern und kontrollierten Quellen.
www.pefc.de

Inhaltsverzeichnis

Vorwort

Liebe Leser*,

die deutsche Grammatik stellt bereits für Muttersprachler häufig ein großes Problem dar. Bei neu zugewanderten Kindern sorgt deren Komplexität für eine ungleich größere Schwierigkeit, die deutsche Sprache von Beginn an korrekt zu erlernen.

Für die Genese der sprachlichen Entwicklung dieser Kinder ist genau dies aber eminent wichtig. Denn den korrekten Gebrauch der deutschen Grammatik zu verinnerlichen, sorgt dafür, dass grammatikalische Muster viel schneller Eingang in den alltäglichen Sprachgebrauch finden und dort automatisiert werden können.

Genau in diesem Bereich tritt nämlich häufig eine Problematik bei Kindern mit sprachlichen Schwierigkeiten zutage, die schon länger in Deutschland leben oder gar hier geboren sind. Denn es kommt immer wieder vor, dass diese Kinder grammatische Komponenten falsch zusammensetzen bzw. nutzen und dass sich diese falschen Zusammenhänge bereits verfestigt haben.

In diesem Fall ist häufig eine große Anstrengung nötig, die automatisierte Nutzung falscher grammatikalischer Bestandteile wieder rückgängig zu machen bzw. sie durch die korrekte Anwendung der Grammatik zu ersetzen. Häufig bestehen diese Probleme auch nicht nur in einem bestimmten Bereich, sondern es ist eine Gemengelage unterschiedlicher Defizite.

Das führt dazu, dass man mit diesen Schülern erst wieder zu den „Basics" zurückkehren muss, um von Grund auf den korrekten Gebrauch der deutschen Grammatik zu verinnerlichen.

Mit diesem Buch wollen wir also gezielt „Deutsch-Anfänger" ansprechen. Aber eben auch diejenigen, die sich – wie oben geschildert – ihre Kompetenzen in grundlegenden grammatikalischen Bereichen neu erarbeiten müssen.

Gezielt haben wir uns auf den Einstieg in die Sprache konzentriert und dabei als Kategorien die verschiedenen Wortarten gewählt: Nomen, Verben, Artikel, Pronomen, Adjektive sowie Präpositionen werden grundlegend erläutert und anschließend durch Übungen verinnerlicht. Zudem soll im Kapitel „Satzglieder und Sätze" ein zusammenhängendes Verständnis der Sprachstruktur vermittelt werden.

Wir hoffen, dass wir Ihnen mit diesem Buch den Schulalltag ein wenig erleichtern können.

Karolin Gerritzen & Jan Reschke

* Der Verlag an der Ruhr legt großen Wert auf eine geschlechtergerechte und inklusive Sprache. Seit 2019 nutzen wir daher das Gendersternchen oder neutrale Formulierungen, um alle Menschen unabhängig von Geschlecht oder Geschlechtsidentität einzuschließen. In Texten für Schüler*innen finden sich aus didaktischen Gründen neutrale Begriffe bzw. Doppelformen. Titel, wie dieser, die erstmalig vor 2019 erschienen sind, enthalten noch das generische Maskulinum.

Hinweise zum Umgang mit dem Buch

In „30 x DaZ – Grammatik für 45 Minuten – Deutsch-Anfänger" finden Sie **30 fertig ausgearbeitete Schulstunden** rund um das Thema Grammatik.

Das Buch ist unterteilt in **sechs Blöcke**: **„Nomen"**, **„Artikel"**, **„Pronomen"**, **„Verben"**, **„Adjektive"**, **„Präpositionen"** sowie **„Satzglieder und Sätze"**. Es ist grundsätzlich so angelegt, dass Sie die Blöcke in der vorgegebenen Reihenfolge bearbeiten sollten. Allerdings können Sie auch einzelne Blöcke losgelöst bearbeiten, wenn das Augenmerk nur auf besondere Bereiche gerichtet werden soll und Teile der anderen Bereiche bereits bekannt sind.

Eine Ausnahme gibt es, da Nomen und Artikel in einem direkten Zusammenhang stehen. So bietet es sich an, die **Stunde 5, „Was ist ein Artikel?"**, direkt im Anschluss an die **Stunde 1, „Was ist ein Nomen?"**, durchzuführen. Diese beiden Stunden führen die jeweilige Wortart ein.

Generell ist es bei den Einführungen bestimmter Wortarten so, dass zum Abschluss fast immer das gleiche Spiel gespielt wird (Ausnahme Adjektive) mit wechselnden Zielen. Das soll den Schülern vermitteln, dass es sich bei allen Wörtern um Wortarten handelt, diese aber voneinander abgrenzbar sind.

Zur Vorbereitung auf die einzelnen Stunden reicht es häufig, die angegebenen, im Buch enthaltenen Kopiervorlagen in der entsprechenden Anzahl zu kopieren. An manchen Stellen ist ein wenig mehr Vorbereitung nötig, allerdings ist der Aufwand meist sehr gering.

Die **Beschreibungen zu den jeweiligen Einzelstunden** setzen sich aus den folgenden Bereichen zusammen:

- Thema
- Kompetenzerwartungen
- Materialliste/Vorbereitung
- Stundenverlauf
  (Einstieg, Arbeitsphase, Abschluss/Reflexion)

Hinweis zu einzelnen Stunden/Themen:

Zu fast allen übergeordneten Themen (Ausnahme Präpositionen) gibt es einen sogenannten **„Merk-Zettel"** als Einstieg zum Thema, der gleichsam einen Arbeitsauftrag enthält. Aus den Merk-Zetteln können Sie auch ein schönes „Merk-Heft" gestalten, das einen schnellen Überblick über verschiedene grammatische Themen verschafft.

Die **Stunden 15, „Regelmäßige Verben 1"**, und **17, „Unregelmäßige Verben 1"**, sind nahezu identisch aufgebaut. Das geschah aus der Absicht heraus, die Unterschiede regelmäßiger und unregelmäßiger Verbbildung bestmöglich zu transportieren.

Für die **Stunde 10, „Was ist ein Possessivartikel?"**, wäre es schön, wenn Ihre Schüler Familienfotos mitbringen könnten, um, davon ausgehend, Possessivartikel zu besprechen (z. B.: „Das ist *meine* Mutter"). Sollte es in Ihrer Klasse Kinder geben, die Familienangehörige verloren haben, können die Kinder auch einfach ihre Etuis nehmen und Gegenstände daraus beschreiben (z. B.: „Das ist *mein* Stift"). Gleiches gilt, wenn Eltern nicht möchten, dass ihre Kinder Familienfotos mit in die Schule bringen.

Noch ein grundsätzlicher Hinweis zu dieser Stunde:
Da die Possessivartikel im Nominativ, Dativ und Akkusativ gleichermaßen vorkommen und dabei die jeweiligen Personalformen berücksichtigen, kann diese Stunde nur einen ersten Einblick geben und soll auf das Thema hinführen.

Das gilt auch für die **Personalpronomen**. Im Buch finden Sie beispielsweise die Personalpronomen in Kombination mit dem Dativ. Natürlich gibt es noch viele weitere Felder, beispielsweise die Personalpronomen im Akkusativ. Da die deutsche Grammatik aber äußerst umfangreich und komplex ist, konnten wir nicht alle Themen berücksichtigen und haben uns auf die unserer Meinung nach relevantesten Bereiche konzentriert.

Hinweise zum Umgang mit dem Buch

Das Gleiche betrifft das Thema **„Unregelmäßige Verben"** (Stunden 17 und 18): Alle unregelmäßigen Verbbildungen zu thematisieren, würde den Rahmen dieses Buches sprengen. Es soll ein umfassender Überblick über grammatische Themen gegeben werden, die Deutsch-Anfänger betreffen. Sollten Sie also einen Schwerpunkt auf die unregelmäßigen Verben legen wollen, so empfehlen wir die Nutzung zusätzlicher Materialien.

Dieser spezielle Hinweis für das Thema unregelmäßige Verben steht auch beispielhaft für das, was das Buch generell leisten soll und kann. Denn es ist völlig klar, dass die in diesem Buch behandelten Themen nicht allein in 30 Schulstunden erarbeitet und beherrscht werden können. Auch hier gilt: Das Buch versteht sich als eine Einführung in die verschiedenen Bereiche – als Anregung, in welche Richtung man mit den Schülern gehen kann, als erster Schritt auf diesem Weg.

Illustrationen: Norbert Höveler

Nomen

1. Was ist ein Nomen?

Grammatikalischer Inhalt

Definition Wortart Nomen

Kompetenzerwartungen

Die Schüler kennen die Wortart Nomen und können sie von anderen abgrenzen.

Materialliste/Vorbereitung

- KV „Merk-Zettel: Was ist ein Nomen?" (S. 9), in Klassenstärke kopiert

Stundenverlauf

Einstieg (ca. 10 – 15 Min.)

Schreiben Sie verschiedene Nomen an die Tafel oder an das Whiteboard. Achten Sie darauf, dass Sie Wörter aus verschiedenen Bereichen verwenden: Menschen, Tiere, Pflanzen und sonstige Dinge. Fragen Sie Ihre Schüler, was ihnen auffällt, z. B.:

- *„Alle Wörter werden großgeschrieben."*
- *„Alle Dinge, die an der Tafel stehen, kann man anfassen/sehen."*

Erklären Sie Ihren Schülern, dass Nomen Namenwörter sind, also Wörter, die Menschen, Tiere, Pflanzen und sonstige Dinge bezeichnen. Erläutern Sie, woran Sie Nomen noch erkennen können. Kreisen Sie die Anfangsbuchstaben der Nomen ein. Sollten oben genannte Beispiele noch nicht von Ihren Schülern gesagt worden sein, sollten Sie sie ebenfalls nennen.
Hinweis: Ein Charakteristikum von Nomen ist außerdem, dass man einen Artikel davorsetzen kann. Die Artikel folgen in diesem Buch ab Stunde 5. Da in den folgenden Stunden die Nomen stets mit Artikeln abgebildet werden, empfiehlt es sich, diese im Anschluss an diese Stunde ebenfalls einzuführen („Was ist ein Artikel?").

Arbeitsphase (ca. 20 Min.)

Verteilen Sie die KV „Merk-Zettel: Was ist ein Nomen?" Erklären Sie Ihren Schülern, dass sie sich zunächst den Merkkasten noch einmal ansehen und anschließend den Arbeitsauftrag ausführen sollen. Wenn Sie möchten, können Sie auch die verschiedenen Gruppen, wie „Tiere", „Pflanzen" etc., einheitlich in verschiedenen Farben anmalen lassen. Besprechen Sie anschließend mit Ihren Schülern, was diese angemalt haben und warum (im besten Fall ist das ganze Bild bunt).

Abschluss/Reflexion (ca. 5 – 10 Min.)

Erinnern Sie Ihre Schüler noch einmal kurz an die wichtigsten Merkmale eines Nomens. Im Anschluss stellen sich alle Schüler an ihren Platz. Ihre Schüler sollen nun Nomen erkennen. Dazu müssen sie gut zuhören.
Stellen Sie sich vor Ihre Klasse und nennen Sie nun Wörter aus verschiedenen Wortarten, darunter natürlich auch Nomen (z. B.: „grün", „laufen", „Baum").
Immer wenn Ihre Schüler ein Nomen hören, sollen sie die Hand heben. Hören sie eine andere Wortart, bleibt die Hand unten. Sollte ein Schüler nicht die Hand heben, obwohl ein Nomen genannt wurde, so muss er sich setzen; ebenso, wenn ein Schüler die Hand hebt, obwohl eine andere Wortart genannt wurde. Spielen Sie das Spiel so lange, bis nur noch ein Kind übrig ist. Um das Spiel schwieriger zu machen, können Sie die Geschwindigkeit der Wortnennungen erhöhen.

Merk-Zettel: Was ist ein Nomen?

Nomen sind Namenwörter.
Nomen schreibst du immer groß.

Nomen sind Wörter für …

… Menschen

… Pflanzen

… Tiere

… und andere Dinge.

Male in dem Bild alle Nomen an.

Illustrationen: Norbert Höveler

 © Verlag an der Ruhr | Autorin/Autor: K. Gerritzen, J. Reschke | ISBN 978-3-8346-3774-1 | www.verlagruhr.de

2. Einfache Pluralbildung 1

Grammatikalischer Inhalt

Pluralbildung

Kompetenzerwartungen

Die Schüler kennen einfache Pluralformen und können sie bilden.

Materialliste/Vorbereitung

- KV „Bildkarten zur Pluralbildung" (S. 11), 1-mal kopiert und vergrößert
- KV „Einzahl oder Mehrzahl" (S. 12), in Klassenstärke kopiert

Stundenverlauf

Einstieg (ca. 5 – 10 Min.)

Hängen Sie auf die linke Tafelseite/linke Seite des Whiteboards die drei Bildkarten, auf denen das „Pferd", die „Katze" und das „Kleid" jeweils einmal abgebildet sind. Hängen Sie auf die rechte Seite die jeweiligen Karten in der Pluralform. Fragen Sie Ihre Schüler, was sie sehen. Erklären Sie, dass Nomen nicht nur in der Einzahl, sondern auch in der Mehrzahl existieren. Schreiben Sie nun die Wörter unter die Bildkarten. Fragen Sie Ihre Schüler erneut, was ihnen auffällt, und unterstreichen Sie die Entdeckungen farbig:

- *„das Pferd"* → *„die Pferde"*
- *„die Katze"* → *„die Katzen"*
- *„das Kleid"* → *„die Kleider"*

Erklären Sie Ihren Schülern, dass es verschiedene Formen der Mehrzahl gibt und sie in diesem ersten Schritt einige davon kennenlernen.
Ein Hinweis zu den Artikeln: Natürlich bietet es sich an, an dieser Stelle bereits auf die Änderung des Artikels im Plural hin zu „die" zu verweisen. Da die Artikel konkret aber erst im nächsten Kapitel dieses Buches eingeführt werden, entscheiden Sie am besten selbst, wie Sie mit den Artikeln verfahren.

Arbeitsphase (ca. 25 Min.)

Verteilen Sie die KV „Einzahl oder Mehrzahl" an jeden Schüler. Ihre Schüler bearbeiten das Arbeitsblatt. Anschließend finden sich Ihre Schüler in 2er-Gruppen zusammen und kontrollieren gegenseitig ihre Zettel. Erklären Sie, dass sie nun von einem der beiden Zettel die Bilder und Wörter entlang der Markierungen ausschneiden sollen. So haben sie ein schönes Memo-Spiel, das mit dem Partner gespielt werden kann. Eine Hilfe haben Ihre Schüler dadurch, dass die Wortkarten kleiner als die Bildkarten sind und somit immer gewährleistet ist, dass ein Bild plus ein Wort aufgedeckt werden.

Abschluss/Reflexion (ca. 10 Min.)

Spielen Sie das Spiel „Schlangenduell". Teilen Sie Ihre Klasse in zwei Teams. Die Teams stellen sich in zwei Reihen nebeneinander auf. Die Schüler, die den „Kopf" der Schlange bilden, also vorn stehen, sind jeweils dran. Nennen Sie nun ein Nomen im Singular (sinnvoll wäre es, wenn Sie Nomen nennen, deren Mehrzahl so gebildet wird wie bei den bisher besprochenen, also auf „-e", „-n" oder „-er"). Der Schüler, der die korrekte Mehrzahl-Form zuerst nennt, darf sich setzen. Der jeweils andere stellt sich ans Ende der eigenen Schlange. Das Team, bei dem zuerst alle Schüler sitzen, gewinnt.

Tipp

Damit Sie nicht zu lange überlegen müssen, welche Nomen Sie nennen, bietet es sich an, zuvor eine Liste mit den entsprechenden Wörtern anzulegen.

Variante

Sie können das Spiel auch umgekehrt spielen: Das Nomen wird im Plural genannt und Ihre Schüler müssen die korrekte Singular-Form sagen.

Bildkarten zur Pluralbildung

Einzahl oder Mehrzahl

1. **Verbinde die Wörter mit den richtigen Bildern.**
2. **Unterstreiche, was sich in der Mehrzahl geändert hat.**

Illustrationen: Norbert Höveler

3. Einfache Pluralbildung 2

Grammatikalischer Inhalt

Pluralbildung

Kompetenzerwartungen

Ihre Schüler kennen einfache Pluralformen, können sie bilden und festigen sie.

Materialliste/Vorbereitung

- Geschichte „Lotta geht einkaufen" (S. 14), evtl. 1-mal kopiert
- KV „Mehrzahl-Domino" (S. 15), in Klassenstärke kopiert
- KV „Mehrzahl-Lege-Spiel" (S. 16), in Klassenstärke kopiert

Stundenverlauf

Einstieg (ca. 5 – 10 Min.)

Lesen Sie die Geschichte „Lotta geht einkaufen" vor. Machen Sie immer an den Stellen Pausen, an denen die Nomen in der Mehrzahl auftauchen. Ihre Schüler sollen dann das fehlende Wort nennen.
Sie können die Geschichte zu einem späteren Zeitpunkt kopieren und Ihren Kindern auch als Arbeitsblatt zur Wiederholung geben. Ein ausreichendes Leseverständnis Ihrer Schüler wäre für die Bearbeitung die Voraussetzung.

Arbeitsphase (ca. 25 Min.)

Immer zwei Schüler finden sich zur Partnerarbeit zusammen. Entscheiden Sie, ob die Schüler ihren Partner frei wählen dürfen.
Geben Sie alternativ Partner vor oder lassen Sie die Paare durch Zufall bestimmen (z. B. durch Nummernziehen: Dazu brauchen Sie halb so viele Ziffern wie Kinder in der Klasse sind. Jede Nummer ist 2-mal vorhanden. Aus einem Gefäß zieht jedes Kind eine Nummer, Kinder mit der gleichen Nummer sind zusammen).
Wenn die Paare gefunden sind, bekommt jedes Kind eine KV „Mehrzahl-Domino". Die Kinder schneiden das Domino aus. Gespielt wird natürlich nur mit einem Set. Trotzdem sollte jeder Schüler am Ende der Stunde ein Domino haben, damit später auch noch allein geübt werden kann. Ihre Schülerpaare spielen nun nach gängigen Domino-Regeln einige Partien Domino.

Abschluss/Reflexion (ca. 5 – 10 Min.)

Jedes Kind kehrt nun an seinen Platz zurück. Verteilen Sie die KV „Mehrzahl-Lege-Spiel". Ihre Schüler arbeiten nun wieder allein und schneiden zunächst die Legetafel aus. Anschließend legen sie die einzelnen Legeplättchen an die richtigen Stellen.

„Lotta geht einkaufen"

Lotta geht mit ihrem Vater einkaufen. Sie fahren in ein großes Einkaufszentrum, in dem es viele Geschäfte gibt. Lotta geht mit ihrem Vater zuerst in ein Schreibwarengeschäft. Sie sieht einen bunt leuchtenden Stift und sagt: „Den will ich haben."
Ihr Vater antwortet: „Aber du hast schon so viele .... , du brauchst nicht noch einen."

„Na gut, aber ein neues Heft brauche ich wirklich", sagt Lotta.

„Am besten, wir kaufen gleich 2 .... , so viel wie ihr gerade in der Schule schreibt", antwortet ihr Vater. Lotta freut sich.

„Brauchst du vielleicht auch noch eine neue Schere?", fragt ihr Vater.

„Ich brauche sogar 2 .... , eine für die Schule und eine für zu Hause", antwortet Lotta.

Lottas Vater lacht. „Wenn wir so weitermachen, kommen wir mit einer Tüte gar nicht aus, dann brauchen wir 2 ...."

Anschließend gehen sie Kleidung kaufen. Lotta sagt: „Das hier ist mein letztes Kleid. In der letzten Zeit sind mir 2 meiner .... zu klein geworden. Ich brauche dringend neue."

Als sie zurück zu Hause sind, staunt Lottas Mama. „So viel habt ihr eingekauft? Nicht ein Heft, sondern gleich 2 .... , nicht eine Schere, sondern gleich 2 .... , nicht ein Kleid, sondern gleich 2 .... !"

Mehrzahl-Domino

die Bienen	die Ente	die Enten	das Tier
die Tiere	das Ei	die Eier	die Schere
die Scheren	das Rind	die Rinder	das Pferd
die Pferde	das Spiel	die Spiele	das Lineal
die Lineale	das Heft	die Hefte	die Blume
die Blumen	das Lied	die Lieder	die Biene

  ISBN 978-3-8346-3774-1 | www.verlagruhr.de

Mehrzahl-Lege-Spiel

1. **Schneide die Wortkarten aus.**
2. **Lege sie an die richtige Stelle der Legetafel.**

	Einzahl	**Mehrzahl**
	Einzahl	**Mehrzahl**
	Einzahl	**Mehrzahl**
	Einzahl	**Mehrzahl**
	Einzahl	**Mehrzahl**

Illustrationen: Norbert Höveler

die Schere	**die Scheren**	**die Banane**
die Bananen	**der Fisch**	**die Fische**
der Handschuh	**die Handschuhe**	
die Seife	**die Seifen**	

4. Zusammengesetzte Nomen

Grammatikalischer Inhalt

Komposita

Kompetenzerwartungen

Ihre Schüler wissen, dass aus zwei zusammengesetzten Wörtern ein neues Nomen entstehen kann.

Materialliste/Vorbereitung

- KV „Bildkarten zusammengesetzte Nomen" (S. 18), 1-mal ausgeschnitten, vergrößert und laminiert; 1-mal im Klassensatz kopiert
- KV „Zusammengesetzte Nomen 1" (S. 19), in Klassenstärke kopiert
- KV „Zusammengesetzte Nomen 2" (S. 20), in Klassenstärke kopiert
- Wollfäden

Stundenverlauf

Einstieg (ca. 10 – 15 Min.)

Treffen Sie sich mit Ihren Schülern im Sitzkreis und legen Sie die laminierten Bildkarten der KV „Bildkarten zusammengesetzte Nomen" kreisförmig in der Mitte aus. Ihre Schüler sollen Vermutungen anstellen, welche Bilder zusammengehören könnten, und erklären, warum sie das vermuten. Sollten Ihre Schüler nicht von allein darauf kommen, dass immer aus zwei einzelnen Wörtern ein neues Wort entsteht, können Sie als stummen Impuls einen Wollfaden zwischen zwei zusammengehörende Karten legen. Im Anschluss sollen Ihre Schüler weitere Verbindungen zwischen einzelnen Wörtern finden. Legen Sie für jede Verbindung einen weiteren Wollfaden zwischen die Karten, sodass sich ein schönes Wollfadennetz ergibt.

Folgende Wörter können entstehen:

- Badezimmer
- Esstisch
- Esszimmer
- Fahrstuhl
- Fußballspiel
- Kaffeetasse
- Kinderzimmer
- Kochtopf
- Küchentisch
- Schlafzimmer
- Schreibtisch
- Spieltisch
- Spielzimmer
- Teeküche
- Teetasse
- Tischfußball
- Wartezimmer

Arbeitsphase (ca. 20 Min.)

Verteilen Sie die KV „Zusammengesetzte Nomen 1". Die zusammengehörenden Wörter sollen miteinander verbunden werden. Wer fertig ist, bearbeitet die KV „Zusammengesetzte Nomen 2".

Abschluss/Reflexion (ca. 5 – 10 Min.)

Ihre Schüler finden sich in 2er-Gruppen zusammen. Entscheiden Sie, ob sie den Partner frei wählen dürfen oder nicht. Verteilen Sie die KV „Bildkarten zusammengesetzte Nomen". Beide Schüler schneiden ihre Bildkarten aus. Gespielt wird aber nur mit einem Satz Bildkarten. Trotzdem sollte jeder Schüler am Ende der Stunde ein Domino haben, damit später auch noch allein geübt werden kann. Ihre Schüler sollen nun mit einer Ausnahme nach den bekannten Memory-Regeln spielen. Die Ausnahme besteht darin, dass die Karten nicht wie üblich bei einem zusammengehörenden Pärchen weggeräumt werden, sondern die Karten liegen bleiben. Denn manche Nomen lassen sich mit mehreren anderen Nomen kombinieren. Ihre Schüler können eine Strichliste anlegen, wer mehr richtige Pärchen gefunden hat.

Bildkarten zusammengesetzte Nomen

© Verlag an der Ruhr | Autorin/Autor: K. Gerritzen, J. Reschke | ISBN 978-3-8346-3774-1 | www.verlagruhr.de

Zusammengesetzte Nomen 1

Verbinde die Bilder, die zusammengehören. Manche Bilder lassen sich mehrfach verbinden.

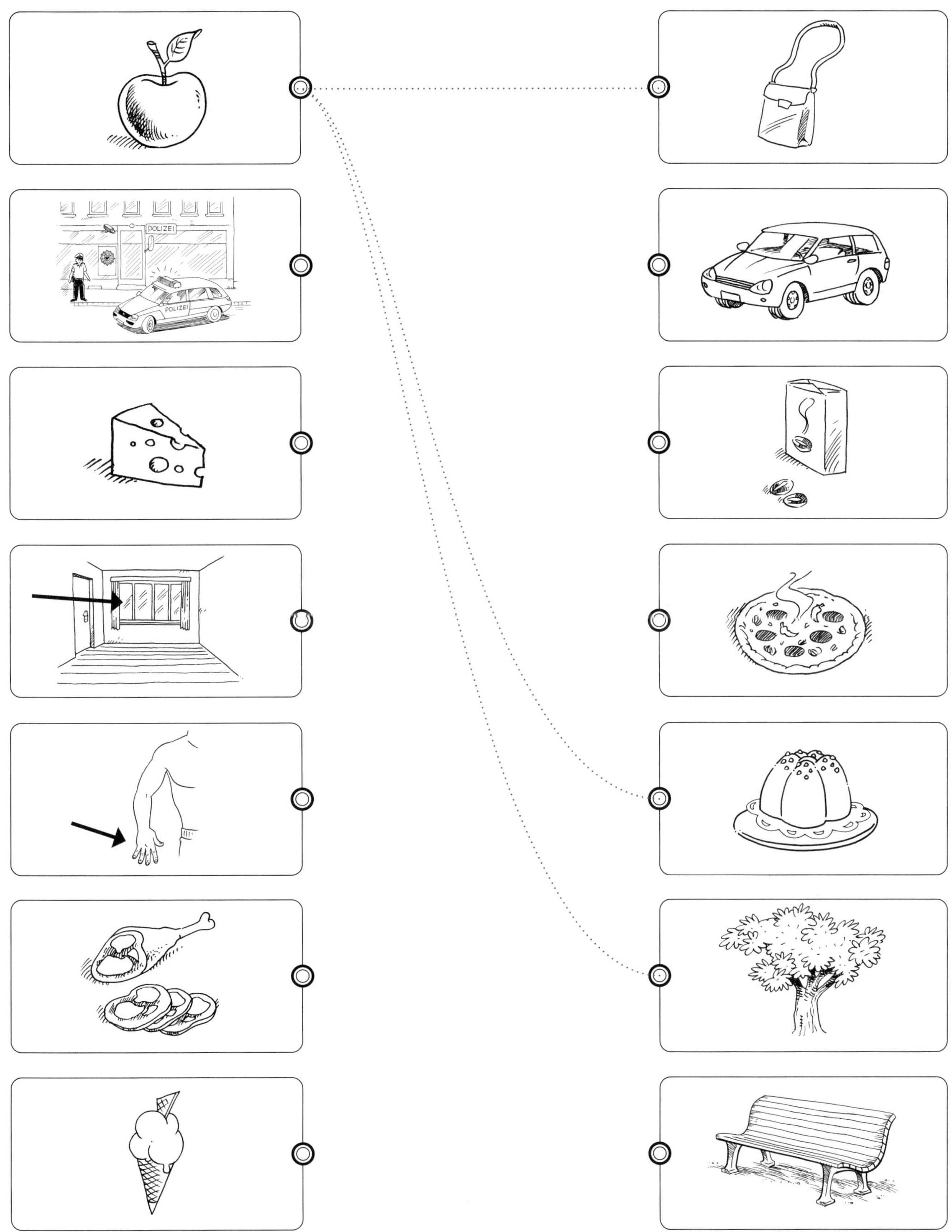

Illustrationen: Norbert Höveler

  ISBN 978-3-8346-3774-1 | www.verlagruhr.de

Zusammengesetzte Nomen 2

Schreibe die zusammengesetzten Nomen auf die Linien.

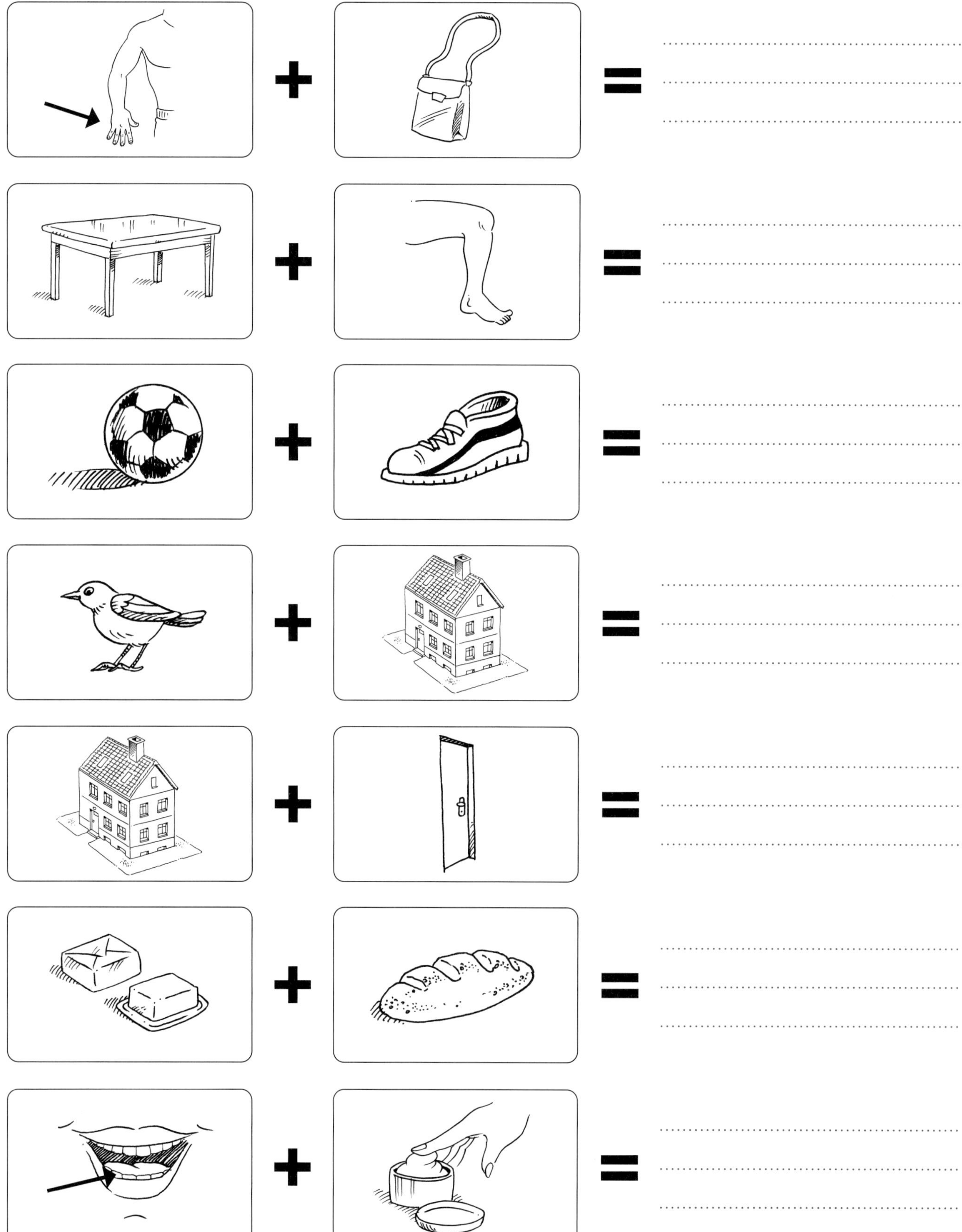

Illustrationen: Norbert Höveler

  ISBN 978-3-8346-3774-1 | www.verlagruhr.de

Artikel

5. Was ist ein Artikel?

Grammatikalischer Inhalt

Definition Wortart Artikel

Kompetenzerwartungen

Die Schüler kennen die Wortart Artikel und können sie von anderen abgrenzen.

Materialliste/Vorbereitung

- KV „Bildkarten Nomen und Artikel" (S. 23), 1-mal kopiert, ausgeschnitten, vergrößert und laminiert (werden in Stunde 9 noch mal gebraucht)
- KV „Merk-Zettel: Was ist ein Artikel?" (S. 24), in Klassenstärke kopiert
- KV „Artikel suchen" (S. 25), in Klassenstärke kopiert

Stundenverlauf

Einstieg (ca. 10 – 15 Min.)

Schreiben Sie die drei bestimmten Artikel gut sichtbar an die Tafel/das Whiteboard. Hängen Sie die Hälfte der Bildkarten der KV „Bildkarten Nomen und Artikel" durcheinander darunter. Erklären Sie Ihren Schülern, dass jedes Nomen einen Begleiter hat, es aber drei unterschiedliche Begleiter gibt. Fragen Sie Ihre Schüler, ob sie die zugehörigen Begleiter zu den angehängten Bildkarten kennen. Wenn Ihre Schüler einen Begleiter richtig nennen, zeichnen Sie eine Verbindung zwischen dem Artikel und dem entsprechenden Nomen an die Tafel/das Whiteboard. Führen Sie optional im Rahmen der Artikel ein Farbschema ein. Ein gängiges Schema, das sich durch verschiedenste Lehrwerke zieht, lautet:

- *Blau = der*
- *Rot = die*
- *Grün = das*

Manchmal werden auch Handgesten genutzt, um Artikel darzustellen. Unserer Meinung nach bieten sich Farben eher an.

Arbeitsphase (ca. 20 Min.)

Verteilen Sie die KVs „Merk-Zettel: Was ist ein Artikel?" und „Artikel suchen". Ihre Schüler bearbeiten nun beide KVs, beginnend mit dem „Merk-Zettel". Ihre Schüler können an die Tafel schauen, welcher Artikel welche Farbe bekommt. Sollte ein Schüler schnell fertig sein, kann er weitere Gegenstände auf den Bildern in der korrekten Artikelfarbe anmalen.

Abschluss/Reflexion (ca. 10 Min.)

Erinnern Sie Ihre Schüler an die wichtigsten Merkmale eines Artikels. Im Anschluss stellen sich alle Schüler an ihren Platz. Sie sollen nun Artikel erkennen und müssen dazu gut zuhören. Stellen Sie sich vor Ihre Klasse und nennen Sie Wörter verschiedener Wortarten, darunter Artikel („der", „die", „das"). Immer wenn Ihre Schüler einen Artikel hören, sollen sie die Hand heben. Hören Sie eine andere Wortart, bleibt die Hand unten. Sollte ein Schüler nicht die Hand heben, obwohl ein Artikel genannt wurde, setzt er sich; ebenso, wenn ein Schüler die Hand hebt, obwohl eine andere Wortart genannt wurde. Spielen Sie das Spiel so lange, bis nur noch ein Kind übrig ist. Erhöhen Sie die Geschwindigkeit der Wortnennungen, um das Spiel zu erschweren.

Differenzierung

Sollte das Spiel für Ihre Klasse zu leicht sein, können Sie alternativ die drei Artikel anschreiben, anschließend Nomen nennen und auf einen der Artikel zeigen. Immer wenn es der richtige Artikel ist, müssen Ihre Schüler die Hand heben. Heben sie bei einem falschen Artikel die Hand, müssen sie sich setzen; ebenso, wenn sie vergessen, beim korrekten Artikel die Hand zu heben.

Bildkarten Nomen und Artikel

Illustration: Norbert Höveler (×24)

ISBN 978-3-8346-3774-1 | www.verlagruhr.de

Merk-Zettel: Was ist ein Artikel?

Jedes Nomen hat einen Artikel.
Es gibt 3 unterschiedliche bestimmte Artikel.
Der Artikel kann zeigen, ob ein Nomen in der Einzahl oder Mehrzahl steht.

Am Artikel erkennst du das Geschlecht eines Nomens …

… der Baum
(männlich)

… die Katze
(weiblich)

… das Auto
(sächlich)

Male die Artikelkästen im Bild in der richtigen Farbe an.

der = blau | die = rot | das = grün

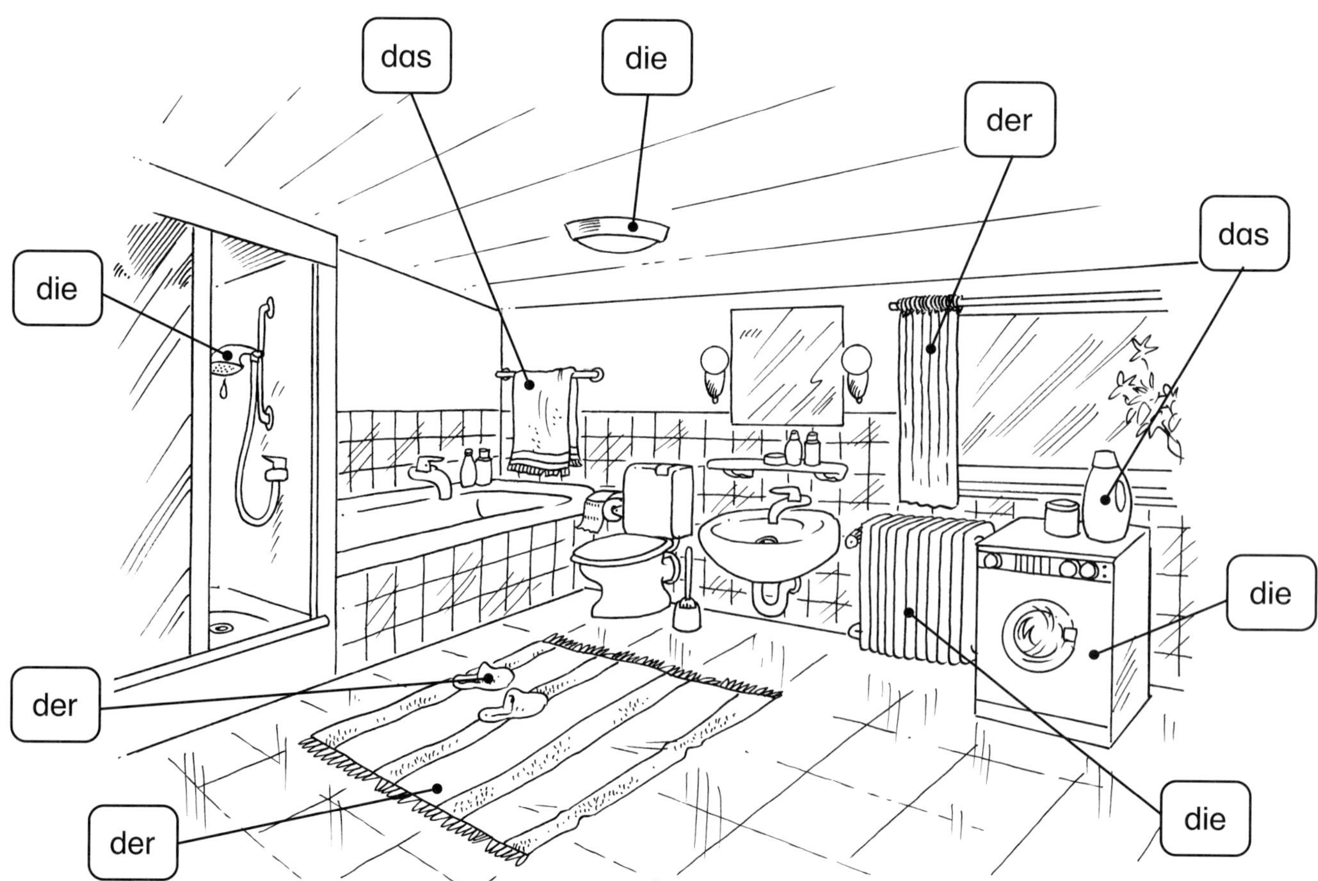

Illustrationen: Norbert Höveler

Artikel suchen

Schreibe die richtigen Artikel in die unteren Kästen und male sie in der richtigen Farbe an.

der = blau	die = rot	das = grün

Illustrationen: Norbert Höveler

  ISBN 978-3-8346-3774-1 | www.verlagruhr.de

Bestimmte Artikel 1

Grammatikalischer Inhalt

bestimmte Artikel

Kompetenzerwartungen

Die Schüler kennen bestimmte Artikel.

Materialliste/Vorbereitung

- KV „Bildkarten Nomen und Artikel" (S. 23), in halber Klassenstärke kopiert
- KV „Der, die oder das?" (S. 27), in Klassenstärke kopiert
- KV „Der-die-das-Box" (S. 28), in halber Klassenstärke kopiert

Stundenverlauf

Einstieg (ca. 10 – 15 Min.)

Spielen Sie mit Ihren Schülern eine abgewandelte Form des Spiels „1, 2 oder 3 – letzte Chance vorbei" aus der bekannten Kindersendung. Schreiben Sie dazu an Ihre Tafel/Ihr Whiteboard „1 – der", „2 – die" oder „3 – das" möglichst weit voneinander entfernt. Wenn Sie möchten, können Sie auch Krepppapier zur besseren Kenntlichmachung der Bereiche auf den Boden kleben.
Wählen Sie nun – je nach Größe Ihrer Lerngruppe – immer maximal fünf Schüler aus, die sich vor die Tafel/das Whiteboard stellen. Nennen Sie dann ein Nomen, z. B. „Auto". Sagen Sie dann: „Eins, zwei oder drei – letzte Chance vorbei."
Während Sie das sagen, stellen sich Ihre Schüler in den Bereich, von dem sie glauben, dass es der richtige Artikel zum genannten Nomen ist.
Anschließend kann gemeinsam mit der Klasse überprüft werden, wer richtig steht. Wechseln Sie nach einigen Durchgängen die Schüler, die spielen.

Arbeitsphase (ca. 20 Min.)

Verteilen Sie die KV „Der, die oder das?" an alle Schüler. Ihre Schüler sollen die abgebildeten Nomen mit den richtigen Begleitern verbinden.
Leiten Sie dann zur Partnerarbeit über. Immer zwei Schüler finden sich zusammen oder werden von Ihnen bestimmt. Jede 2er-Gruppe erhält nun eine KV „Der-die-das-Box" sowie „Bildkarten Nomen und Artikel". Nachdem die Bildkarten und Artikelboxen ausgeschnitten wurden, mischen Ihre Schüler die Bildkarten und legen sie verdeckt auf einen Stapel. Abwechselnd wird nun gezogen und die jeweiligen Nomen neben die richtige Kiste gelegt.

Abschluss/Reflexion (ca. 10 Min.)

Spielen Sie mit Ihren Schülern das Spiel „Wortkönig". Versammeln Sie sich dazu im Sitzkreis. Alle Kinder bleiben aber im Kreis stehen. Wählen Sie einen Spielleiter aus. Wählen Sie außerdem zwei Schüler aus, die nebeneinanderstehen.
Der Spielleiter legt nun eine Bildkarte in die Kreismitte. Wer von den beiden anderen Schülern als Erstes den Begleiter korrekt nennt, darf stehen bleiben, das andere Kind setzt sich. Nun sind die beiden danebenstehenden Kinder dran. Spielen Sie das Spiel so lange, bis nur noch ein Schüler steht.
Wenn noch Zeit ist, wechseln Sie den Spielleiter und spielen Sie eine neue Runde.

Der, die oder das?

Verbinde die Nomen mit den richtigen Begleitern.

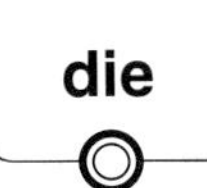

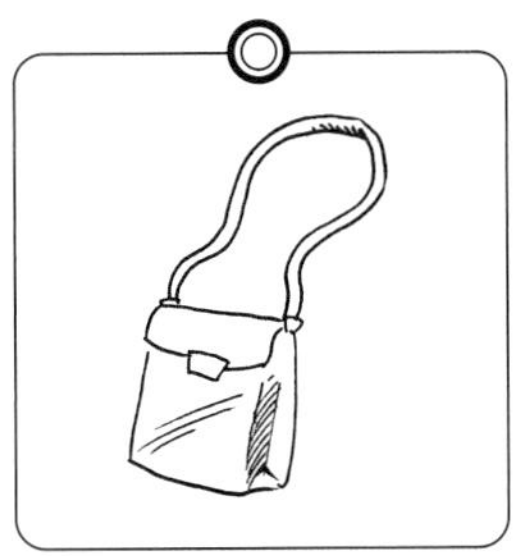

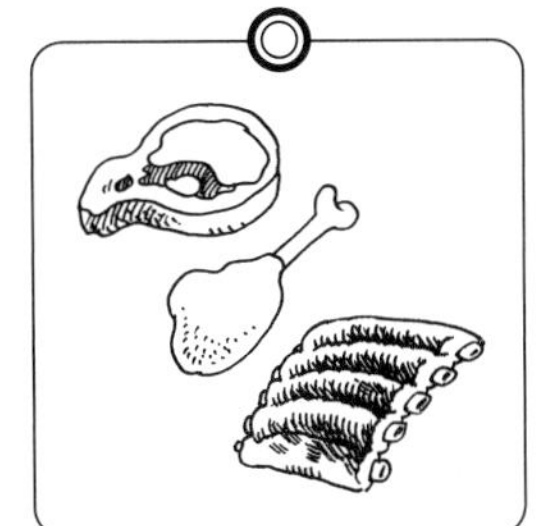

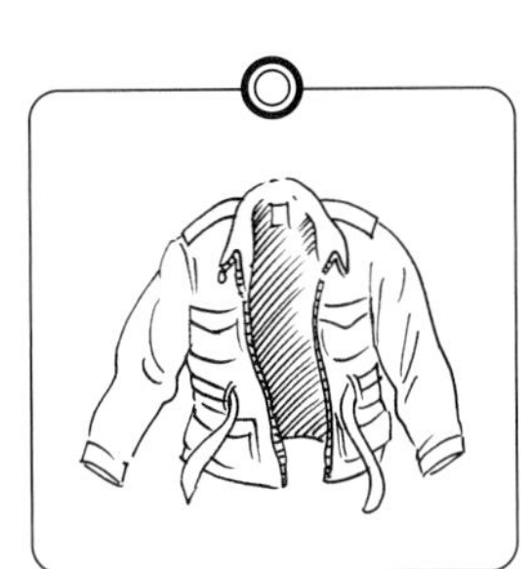

Illustrationen: Norbert Höveler

Der-die-das-Box

1. Schneidet die Kärtchen an den Linien aus.
2. Schneidet die Bildkarten „Nomen und Artikel“ aus und legt sie verdeckt auf einen Stapel.
3. Zieht nun abwechselnd Karten und legt sie neben die richtige Kiste.

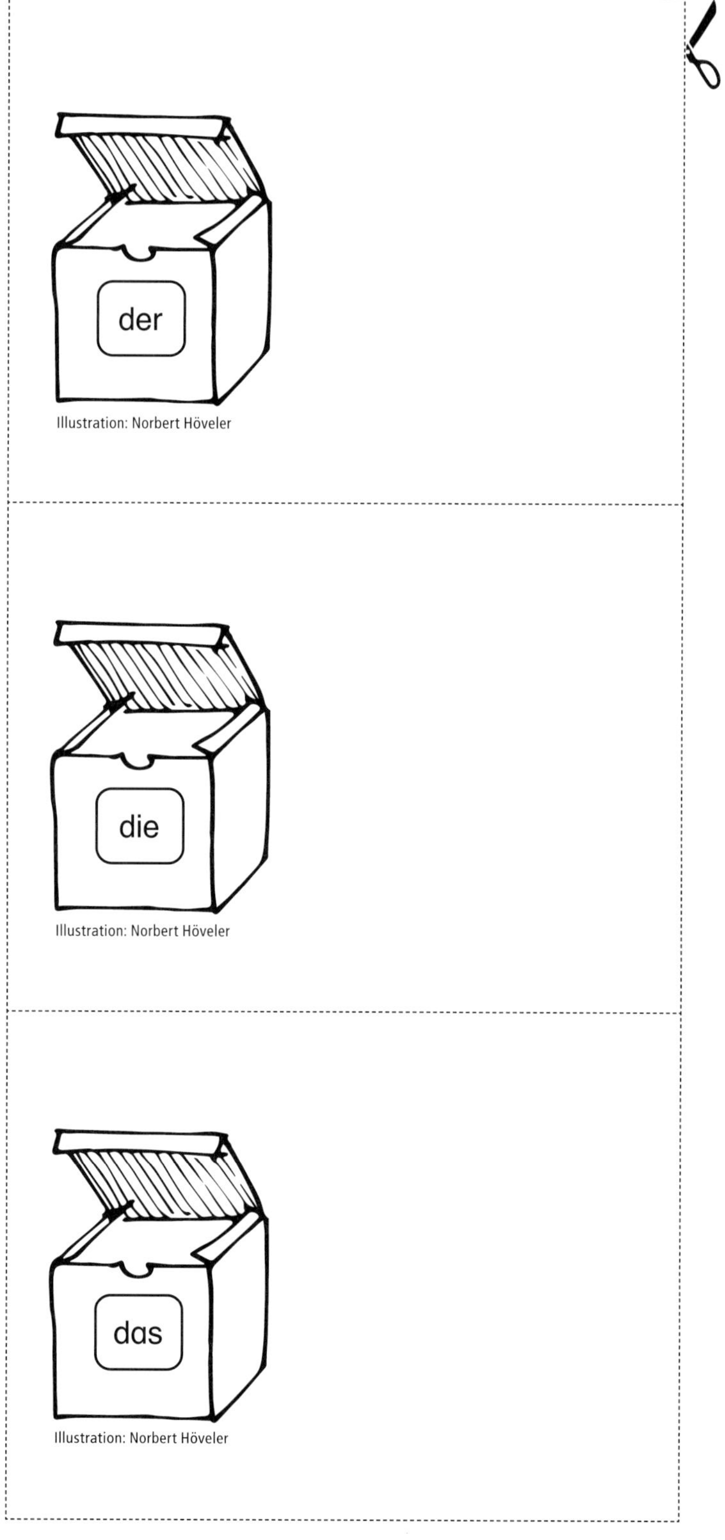

Illustration: Norbert Höveler

Illustration: Norbert Höveler

Illustration: Norbert Höveler

7. Bestimmte Artikel 2

Grammatikalischer Inhalt

bestimmte Artikel

Kompetenzerwartungen

Die Schüler kennen bestimmte Artikel.

Materialliste/Vorbereitung

- KV „Artikel-Dreiecke" (S. 30), in Klassenstärke kopiert
- KV „Artikel in der Einzahl und Mehrzahl" (S. 31), in Klassenstärke kopiert
- Würfel

Stundenverlauf

Einstieg (ca. 5 – 10 Min.)

Spielen Sie mit Ihren Schülern das Spiel „Artikel würfeln". Schreiben Sie vorab an die Tafel:

- *„1, 2 = der"*
- *„3, 4 = die"*
- *„5, 6 = das"*

Rufen Sie nun einen Schüler nach vorn. Der Schüler würfelt. Nennen Sie laut das Ergebnis. Sagen Sie nun leise für sich das ABC auf. Der Schüler, der nach vorn gerufen wurde, sagt zu einem von ihm gewählten Zeitpunkt „Stopp!". Nennen Sie laut den Buchstaben, bei dem Sie im ABC angelangt sind. Nun sollen die anderen Schüler der Klasse so schnell es geht ein Nomen mit dem jeweiligen Buchstaben als Anfangsbuchstaben nennen, das den zuvor gewürfelten Artikel hat. Wer als Erstes ein Nomen mit dem gesagten Buchstaben und dem gewürfelten Artikel nennen kann, darf nach vorn kommen und als Nächstes würfeln.

Arbeitsphase (ca. 20 Min.)

Verteilen Sie die beiden KVs „Artikel-Dreiecke" und „Artikel in der Einzahl und Mehrzahl" an jeden Schüler. Ihre Schüler bearbeiten die KV nacheinander. Besprechen Sie anschließend die Ergebnisse.
Fragen Sie Ihre Schüler, was ihnen bei der KV „Artikel in der Einzahl und Mehrzahl" aufgefallen ist (→ im Plural lautet der Artikel immer „die").

Abschluss/Reflexion (ca. 15 Min.)

Spielen Sie erneut das Spiel „Schlangenduell". Teilen Sie Ihre Klasse in zwei Teams. Die beiden Teams stellen sich in zwei Reihen nebeneinander auf. Die Schüler, die den „Kopf" der Schlange bilden, also ganz vorn stehen, sind jeweils dran.
Nennen Sie nun ein Nomen. Der Schüler, der zuerst den korrekten Begleiter nennen kann, darf sich setzen. Der jeweils andere Schüler stellt sich wieder ans Ende der eigenen Schlange. Es gewinnt das Team, bei dem zuerst alle Schüler sitzen.

Artikel-Dreiecke

Welcher Artikel gehört zum Nomen? Kreise die richtigen Artikel ein.

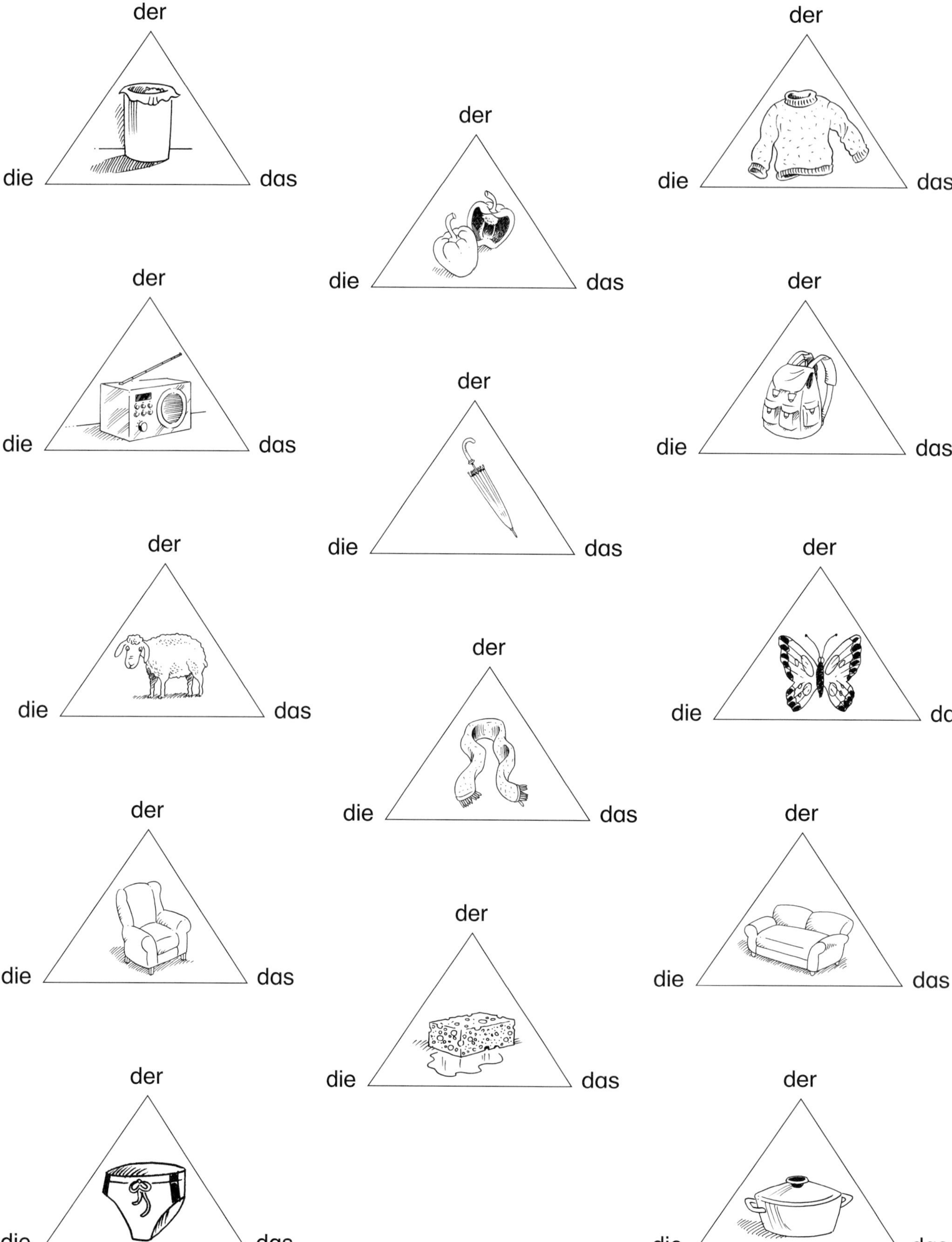

Illustrationen: Norbert Höveler

Artikel in der Einzahl und Mehrzahl

Schreibe *der*, *die* oder *das*.

.... Auto 	.... Autos 
.... Fisch 	.... Fische 
.... Heizung 	.... Heizungen 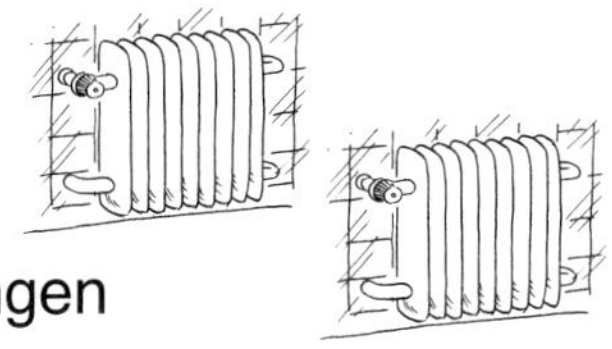
.... Hund 	.... Hunde 
.... Badehose 	.... Badehosen 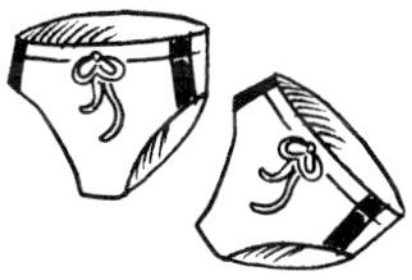
.... Affe 	.... Affen 
.... Füller 	.... Füller 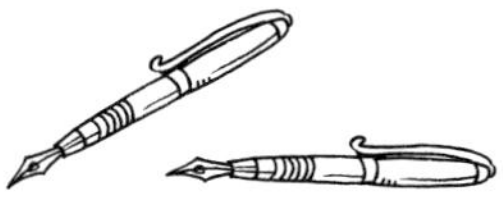
.... Gurke 	.... Gurken 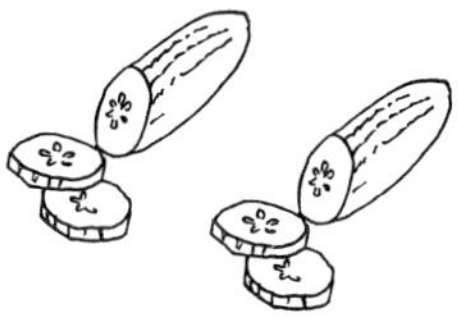

Illustrationen: Norbert Höveler

  ISBN 978-3-8346-3774-1 | www.verlagruhr.de

Unbestimmte Artikel

Grammatikalischer Inhalt

unbestimmte Artikel

Kompetenzerwartungen

Die Schüler kennen unbestimmte Artikel und den Unterschied zum bestimmten Artikel.

Materialliste/Vorbereitung

- 2 „Fliegenklatschen"
- 2 DIN-A4-Blätter mit den Wörtern „ein" und „eine" darauf.

Stundenverlauf

Einstieg (ca. 15 Min.)

Einige Schüler kommen nach vorn und stellen sich nebeneinander auf. Achten Sie darauf, dass die Schüler einige gleiche Merkmale haben (z. B. mehrere Schüler mit Hosen etc.). Sagen Sie dann z. B. zu Ihrer Klasse: „Ich suche EINEN Schüler, der eine Hose trägt." Betonen Sie den unbestimmten Artikel. Ihre Schüler nennen nun mehrere Schüler mit Hosen („Gibt es noch einen?"). Machen Sie z. B. weiter mit: „Ich suche EINE Schülerin, die braune Haare hat." Ihre Klasse nennt erneut mehrere Kinder. Beschreiben Sie nun einen der Schüler in der Reihe mit Merkmalen, die nur dieser Schüler hat, z. B.: „Das ist der Schüler, der neben (Name des Schülers) sitzt und Handball spielt." Machen Sie dies noch für ein anderes Kind. Fragen Sie anschließend, was der Unterschied zwischen Ihrer Suche nach EINEM Schüler und der Beschreibung eines konkreten Schülers war. Erklären Sie, dass der unbestimmte Artikel im Zusammenhang mit nicht näher bekannten Gegenständen bzw. einem von vielen Menschen verwendet wird, der bestimmte Artikel sich hingegen auf ganz bestimmte Gegenstände/Menschen bezieht.

Schreiben Sie dann die Artikel „der"/„die"/„das" untereinander an die Tafel/das Whiteboard und daneben die entsprechenden unbestimmten Artikel:

der	ein
die	eine
das	ein

Arbeitsphase (ca. 20 Min.)

Spielen Sie das „Pärchenspiel". Das Spiel funktioniert nach Memory-Regeln. Zwei Schüler gehen vor die Tür. Sie sind die Spieler. Alle anderen Schüler sind die „Memory-Karten", die sich auf der Grundlage einer gemeinsamen Eigenschaft paarweise zusammenfinden (z. B.: Beide Schüler tragen einen roten Pullover). Haben sich die Pärchen gefunden, werden die Spieler hereingerufen. Sie decken nacheinander immer zwei Schüler auf, indem sie sie antippen. Die angetippten Schüler sagen ihre jeweilige Eigenschaft, z. B.: „Ich trage EINEN roten Pullover." In der Regel fällt es nicht schwer, das passende Gegenstück zu finden. Der zweite angetippte Schüler sagt dann: „Ich trage auch EINEN roten Pullover." Sollten sich Schüler Haarfarben als Eigenschaft überlegen, können sie z. B. sagen: „Ich bin EIN Mädchen mit braunen Haaren."

Abschluss/Reflexion (ca. 10 Min.)

Spielen Sie das Spiel „Fliegenklatsche". Versammeln Sie sich dazu im Sitzkreis. Immer zwei Schüler bekommen eine Fliegenklatsche. Legen Sie zwei Zettel mit den unbestimmten Artikeln „ein" und „eine" in die Mitte. Nennen Sie nun ein Nomen. Das Kind, das zuerst auf den richtigen zugehörigen unbestimmten Artikel haut, darf seine Fliegenklatsche behalten, das andere Kind gibt sie an seinen Nachbarn. Wer auf den falschen Artikel haut, gibt die Fliegenklatsche ebenfalls weiter. Optional können Sie die bestimmten Artikel als Hilfe dazulegen.

9. Negationsartikel

Grammatikalischer Inhalt

Negationsartikel

Kompetenzerwartungen

Ihre Schüler kennen die Negationsartikel „kein" und „keine".

Materialliste/Vorbereitung

- KV „Bildkarten Nomen und Artikel" (S. 23), in Klassenstärke kopiert
- KV „Was siehst du?" (S. 34), in Klassenstärke kopiert
- KV „Was stimmt und was stimmt nicht?" (S. 35), in Klassenstärke kopiert

Stundenverlauf

Einstieg (ca. 15 Min.)

Lassen Sie einige Schüler nach vorn kommen und sich nebeneinander vor die Klasse stellen. Wiederholen Sie an einem Beispiel die unbestimmten Artikel wie in der Stunde zuvor. Im Anschluss soll es um Negationsartikel gehen. Sagen Sie beispielsweise: „Ich suche jemanden, der KEIN schwarzes Kleidungsstück trägt." Wiederholen Sie dies noch einige Male für die Negationsartikel „kein" und „keine".
Erklären Sie Ihren Schülern, dass Negationsartikel benutzt werden, wenn unbestimmte Dinge verneint werden, z. B.: „Kein Schüler dieser Klasse spielt Basketball." Es wird nicht ein bestimmter Schüler angesprochen. Oder: „In der Klasse haben wir keine Pflanzen."
Es handelt sich um eine unbestimmte Art Pflanzen.

Schreiben Sie eine Tabelle an die Tafel, um die Unterschiede zwischen bestimmten, unbestimmten und Negationsartikeln herauszuarbeiten:

der	ein	kein
die	eine	keine
das	ein	kein

Arbeitsphase (ca. 20 Min.)

Verteilen Sie die beiden Arbeitsblätter „Was siehst du?" und „Was stimmt und was stimmt nicht?" an jeden Schüler. Ihre Schüler sollen nun die beiden Arbeitsblätter bearbeiten.

Abschluss/Reflexion (ca. 10 Min.)

Versammeln Sie sich mit Ihren Schülern im Sitzkreis. Legen Sie einige Bildkarten der KV „Bildkarten Nomen und Artikel" aus Stunde 5 in die Mitte. Ein Schüler beginnt und nimmt sich eine der Bildkarten, z. B. den Löffel.
Er darf dann entweder fragen: „Ist das ein Löffel?", also den Begriff korrekt bennen, oder sich einen anderen Begriff ausdenken: „Ist das ein Auto?"
Der Schüler neben ihm gibt dann die jeweils passende Antwort: „Ja, das ein Löffel" oder „Nein, das ist kein Auto". Als Nächstes ist der Schüler dran, der die Antwort gegeben hat, und nimmt sich eine Bildkarte.

Was siehst du?

1. **Sieh dir das Bild an.**
2. **Schreibe den richtigen Artikel in die Lücken. Benutze dazu nur die folgenden Artikel.**

ein	kein
eine	keine
ein	kein

Illustration: Norbert Höveler

Da ist .... Roller.	Da sind .... Messer.
Da ist .... Teddybär.	Da ist .... Bett.
Da ist .... Fernseher.	Da ist .... Teller.
Da sind .... Tassen.	Da ist .... Kühlschrank.
Da ist .... Blume.	Da sind .... Bananen.
Da ist .... Ball.	Da ist .... Melone.

Was stimmt und was stimmt nicht?

Schreibe in jede Lücke den richtigen Artikel.
Nutze dazu die folgenden Artikel.

ein	kein
eine	keine
ein	kein

Das ist .... Auto.

Das ist .... Fisch.

Das ist .... Flugzeug.

Das ist .... Schiff.

Das ist .... Dusche.

Das ist .... Waschbecken.

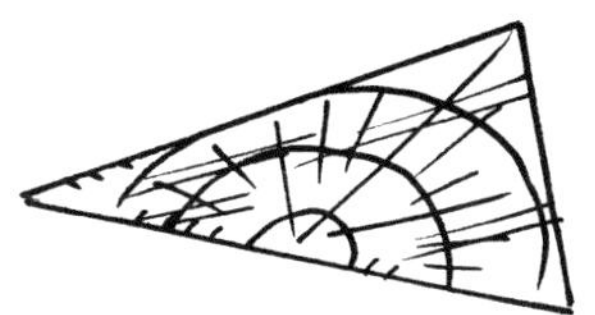

Das ist .... Geodreieck®.

Das ist .... Pinsel.

Das ist .... Erdbeere.

Das ist .... Melone.

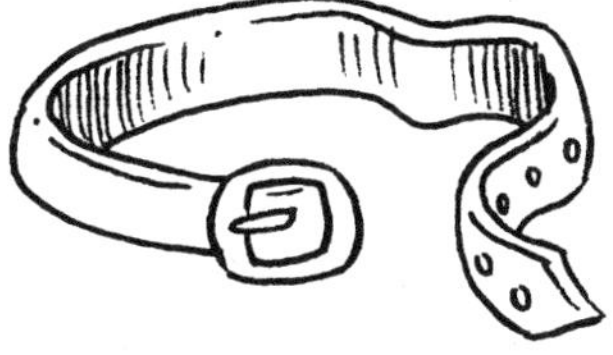

Das ist .... Gürtel.

Das ist .... Gurke.

Das ist .... Flasche.

Das ist .... Dose.

Das ist .... Hose.

Das ist .... Kleid.

Illustrationen: Norbert Höveler

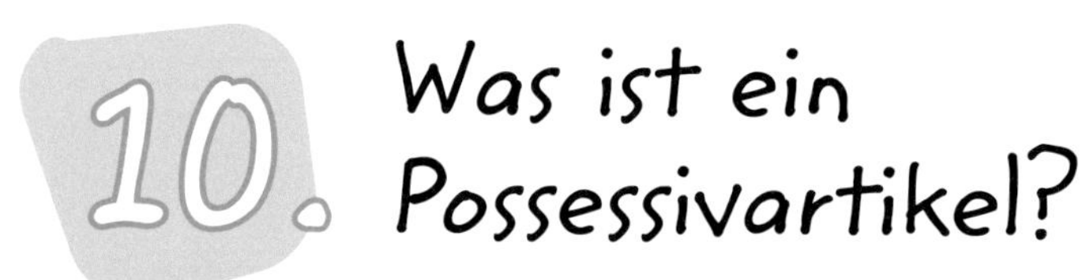

10. Was ist ein Possessivartikel?

Grammatikalischer Inhalt

Possessivartikel

Kompetenzerwartungen

Ihre Schüler kennen Possessivartikel.

Materialliste/Vorbereitung

- KV „Mein und dein" (S. 37), 1-mal kopiert, vergrößert und ausgeschnitten
- KV „Meine Familie" (S. 38), in Klassenstärke kopiert
- KV „Lisa und Amir" (S. 39), in Klassenstärke kopiert
- Familienfotos Ihrer Schüler (weisen Sie auf die Familienfotos bereits in einer der vorherigen Stunden hin)
- ein Foto Ihrer Familie

Stundenverlauf

Einstieg (ca. 20 Min.)

Versammeln Sie sich im Sitzkreis. Ihre Schüler sollen ihre Familienfotos mitbringen. Erklären Sie, dass es Artikel gibt, die anzeigen, (zu) wem etwas gehört. Legen Sie nun die Karten mit den Possessivartikeln „mein" und „meine" in die Mitte des Sitzkreises. Legen Sie über den Artikel „mein" die Bildkarte mit dem Mann und über „meine" die Bildkarte mit der Frau.
Zeigen Sie Ihr Familienfoto herum und sagen Sie z. B.: „Das ist meine Mutter/Tochter/Tante" oder „Das ist mein Vater/Sohn/Onkel". Betonen Sie dabei den Possessivartikel. Anschließend stellen Ihre Schüler reihum ihre Familie vor. Legen Sie anschließend die Artikel „dein" (zum Mann) und „deine" (zur Frau) in die Mitte. Erklären Sie, dass es andere Artikel gibt, wenn man über Gegenstände anderer Menschen spricht oder Personen, die zu anderen Menschen gehören.
Zeigen Sie auf das Bild des Schülers neben sich und sagen Sie z. B.: „Das ist deine Mutter" oder „Das ist dein Vater".
Anschließend beschreibt dieser Schüler das Bild seines Nachbarn und so fort. Erklären Sie Ihren Schülern, dass es weitere Possessivartikel gibt, und demonstrieren Sie sie ggf. („unsere", „eure"), je nachdem, wie tief Sie in das Thema einsteigen wollen.

Arbeitsphase (ca. 15 Min.)

Hängen Sie die Karten mit den Possessivartikeln sowie die Bildkarten, die Sie im Sitzkreis genutzt haben, als Hilfe an die Tafel. Verteilen Sie die beiden Arbeitsblätter „Meine Familie" und „Lisa und Amir". Ihre Schüler sollen nun die Arbeitsblätter ausfüllen. Unterstützen Sie Ihre Schüler, sollten Fragen auftauchen.

Abschluss/Reflexion (ca. 10 Min.)

Finden Sie sich mit Ihren Schülern im Stuhlkreis ein. Üben Sie nun gemeinsam einen Sprechgesang ein. Dazu klatschen Ihre Schüler im Rhythmus der Silben mit den Händen auf ihre Oberschenkel.
Sprechen Sie vor: „*Le-nas* (ein Kind in Ihrer Klasse) *Ruck-sack ist ka-putt.*"
Alle: „*Ohhhh!*"
Sie: „*Wes-sen Ruck-sack ist ka-putt?*"
Alle: „*Ihr Ruck-sack ist ka-putt.*" Dabei zeigen die Schüler auf die jeweils angesprochene Person.
Dann macht das angesprochene Kind, in diesem Fall Lena, weiter: „*Lu-cas Ruck-sack ist ka-putt.*"
Alle: „*Ohhh!*"
Sie: „*Wes-sen Ruck-sack ist ka-putt?*"
Alle: „*Sein Ruck-sack ist ka-putt.*" Dabei zeigen Ihre Schüler auf Luca.
Fahren Sie nach diesem Schema fort. („*Lu-cas und Le-nas Rucksäcke sind ka-putt.*" → „*Ihre Ruck-säcke sind ka-putt.*").

Mein und dein

mein

dein

meine

deine

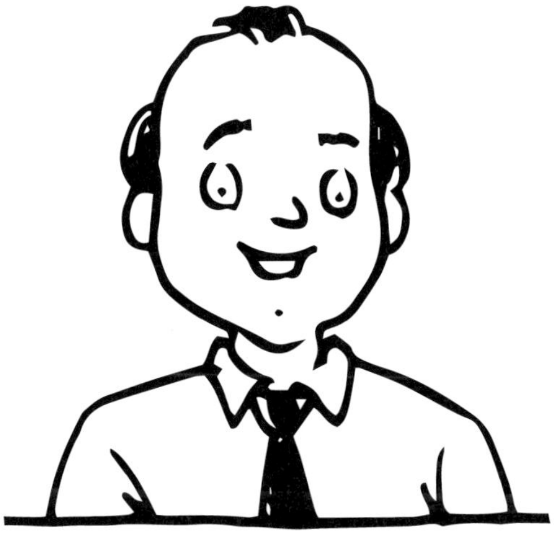

Illustration: Norbert Höveler

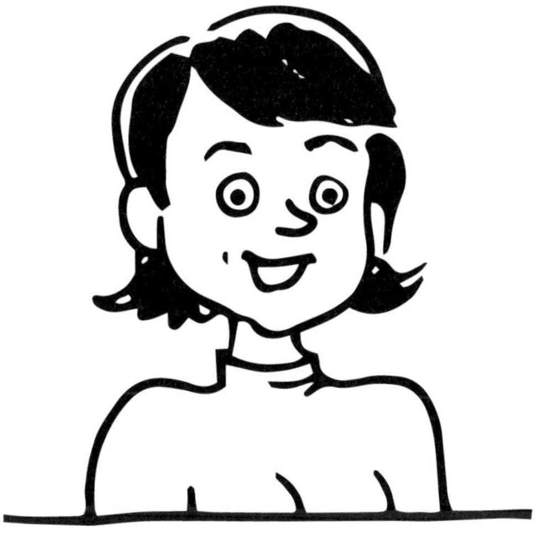

Illustration: Norbert Höveler

 | ISBN 978-3-8346-3774-1 | www.verlagruhr.de

Meine Familie

Schreibe die Possessivartikel in die richtigen Sprechblasen.

Das ist meine Tochter.

Das ist .... Mutter.

Das ist .... Vater.

Das ist .... Sohn.

Das sind .... Enkelkinder.

Das sind .... Großeltern.

~~meine~~ meine mein
unsere unsere mein

Illustrationen: Norbert Höveler

  ISBN 978-3-8346-3774-1 | www.verlagruhr.de

Lisa und Amir

Schreibe die Possessivartikel in die richtigen Sprechblasen.

Illustrationen: Norbert Höveler

  ISBN 978-3-8346-3774-1 | www.verlagruhr.de

Pronomen

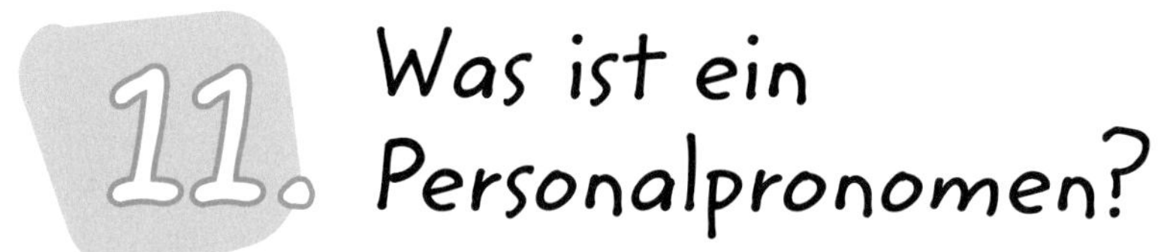

11. Was ist ein Personalpronomen?

Grammatikalischer Inhalt

Definition Wortart Pronomen am Beispiel Personalpronomen

Kompetenzerwartungen

Ihre Schüler kennen die Wortart Pronomen, können sie von anderen abgrenzen und wissen, welche Wörter sie ersetzt.

Materialliste/Vorbereitung

- KV „Bildkarten Personalpronomen" (S. 43), vergrößert und laminiert
- KV „Merk-Zettel: Was ist ein Personalpronomen?" (S. 44), in Klassenstärke kopiert

Stundenverlauf

Einstieg (ca. 15 Min.)

Erklären Sie Ihren Schülern, dass Sie nun einen Roboter per Sprachbefehlen durch die Klasse steuern wollen. Der Roboter ist in diesem Fall einer Ihrer Schüler.
Lenken Sie nun den Roboter, z. B.: „Jona geht geradeaus. Jona geht nach links. Jona dreht sich um. Jona dreht sich nach rechts." Ihr Schüler führt die Anweisungen aus. Achten Sie darauf, immer den Namen des Schülers zu verwenden. Wechseln Sie nach einiger Zeit den Roboter. Geben Sie nun die Kommandos folgendermaßen: „Du gehst nach rechts. Du gehst geradeaus." etc. Achten Sie darauf, dass Sie nur das Personalpronomen „du" verwenden. Fragen Sie Ihre Schüler, ob ihnen ein Unterschied aufgefallen ist. Erklären Sie, dass Personalpronomen den Namen ersetzen können bzw. eine Person nennen/sie ansprechen, ohne den Namen zu nutzen.

Hängen Sie im Anschluss die vergrößerten Bildkarten an die Tafel und machen Sie die einzelnen Personalpronomen mithilfe einiger Kinder und Handgesten wie auf den Karten vor. Wiederholen Sie dies dann noch einmal. Es bietet sich an, die Kinder das jeweilige Personalpronomen mitsprechen zu lassen, während Sie die Gesten ausführen.

Arbeitsphase (ca. 20 Min.)

Bitten Sie nun Schüler jeweils in 3er-Gruppen nach vorn. Ihre Schüler sollen nun pantomimisch ein Personalpronomen darstellen, die anderen Schüler raten, um welches Personalpronomen es sich handelt.
Verteilen Sie anschließend die KV „Merk-Zettel: Was ist ein Personalpronomen?". Ihre Schüler bearbeiten das Arbeitsblatt.

Abschluss/Reflexion (ca. 10 Min.)

Erinnern Sie Ihre Schüler kurz an die wichtigsten Merkmale eines Personalpronomens. Im Anschluss stellen sich alle Schüler an ihren Platz. Ihre Schüler sollen nun Personalpronomen erkennen. Dazu müssen sie gut zuhören. Stellen Sie sich vor Ihre Klasse und nennen Sie Wörter verschiedener Wortarten, darunter auch Personalpronomen.
Immer wenn Ihre Schüler ein Personalpronomen hören, sollen sie die Hand heben. Hören Sie eine andere Wortart, bleibt die Hand unten. Sollte ein Schüler nicht die Hand heben, obwohl ein Personalpronomen genannt wurde, so muss er sich setzen; ebenso, wenn ein Schüler die Hand hebt, obwohl eine andere Wortart genannt wurde. Spielen Sie das Spiel so lange, bis nur noch ein Kind übrig ist. Um das Spiel schwieriger zu machen, können Sie die Geschwindigkeit der Wortnennungen erhöhen.

Bildkarten Personalpronomen

© Verlag an der Ruhr | Autorin/Autor: K. Gerritzen, J. Reschke | ISBN 978-3-8346-3774-1 | www.verlagruhr.de

Merk-Zettel: Was ist ein Personalpronomen?

Personalpronomen können Namen ersetzen.

Sie haben ganz toll gearbeitet.

Mit Personalpronomen kannst du Personen ansprechen.

Kannst **du** mir einen Stift leihen?

Mit Personalpronomen kannst du über Personen sprechen, ohne den Namen zu nutzen.

Sie hat mir bei den Hausaufgaben geholfen.

Schreibe die folgenden Personalpronomen in die richtigen Sprechblasen.

~~ich~~	du	er	sie	es	wir	ihr	sie

ich

Illustrationen: Anja Boretzki

12. Reflexivpronomen

Grammatikalischer Inhalt

Reflexivpronomen

Kompetenzerwartungen

Ihre Schüler lernen Reflexivpronomen kennen.

Materialliste/Vorbereitung

- KV „Würfel-Vorlage" (S. 46), 1-mal vergrößert, kopiert und zusammengeklebt
- Bildkarte „sitzen" (S. 52), 6-mal kopiert und vergrößert
- Kamm, Feder, evtl. Kratzhand
- je ein Pronomen „mich", „dich", „er/sie/es", „uns", „euch", „sie" auf einem DIN-A4-Blatt

Stundenverlauf

Einstieg (ca. 15 Min.)

Schreiben Sie zunächst die bislang gelernten Personalpronomen untereinander an die Tafel („Ich", „Du", „Er/Sie/Es", „Wir", „Ihr", „Sie"). Erklären Sie Ihren Schülern, dass es weitere Arten der Pronomen gibt. Hängen Sie hinter die Personalpronomen nun die Bildkarten „sitzen" und malen Sie einen Strich dahinter, auf dem geschrieben werden kann. Beginnen Sie bei „Ich". Fragen Sie, was an diese Stelle für ein Pronomen kommt. Unterstützen Sie, falls Ihre Schüler nicht weiterkommen. Wiederholen Sie den Ablauf mit den anderen Personalpronomen:

Ich	*((setzen))*	*mich.*
Du	*((setzen))*	*dich.*
Er/Sie/Es	*((setzen))*	*sich.*
Wir	*((setzen))*	*uns.*
Ihr	*((setzen))*	*euch.*
Sie	*((setzen))*	*sich.*

Arbeitsphase (ca. 20 Min.)

Versammeln Sie sich im Sitzkreis. Bestimmen Sie ein Kind, das mit den drei Würfeln der Vorlage würfelt. Was die Würfel anzeigen, wird ausgeführt. Vorab wird gemeinsam geprüft, ob der gewürfelte Satz durchführbar ist (z. B.: „Wir loben sich" geht nicht). Funktioniert er nicht, würfelt das nächste Kind. Funktioniert der Satz, ist der Ausgangspunkt der Würfel mit den Personalpronomen „Ich", „Du" etc. Es folgt das Verb und das Reflexivpronomen. Die Würfel werden nebeneinander platziert und die Aktion ausgeführt. Bei „Ich", wird das Kind, das gewürfelt hat, aktiv. Ebenso bei „Wir", bei dem es sich andere Kinder dazuholt. Bei allen anderen Pronomen bestimmt es Mitschüler, die die Aktion durchführen. Nutzen Sie dazu bei Bedarf die mitgebrachten Gegenstände. Achten Sie beim „zwicken" darauf, dass dies vorsichtig geschieht.

Abschluss/Reflexion (ca. 10 Min.)

Schreiben Sie die Personalpronomen „Ich", „Du", „Er/Sie/Es", „Wir", „Ihr" und „Sie" so weit wie möglich auseinander an die Tafel und hängen Sie jeweils die Bildkarten „sitzen" daneben. Teilen Sie Ihre Lerngruppe in fünf Gruppen auf: Jeder Schüler/jede Gruppe repräsentiert immer ein Reflexivpronomen, also „mich", „dich", „sich", „uns" sowie „euch" und erhält das jeweilige DIN-A4-Blatt mit dem Pronomen. Ihre Schüler stellen sich gut sichtbar neben der Tafel auf. Würfeln Sie anschließend mit dem Personalpronomenwürfel („Ich", „Du", „Er/Sie/Es" etc.) und nennen Sie es laut. Nun bewegt sich immer die Gruppe zur Tafel an das entsprechende Personalpronomen, die das zugehörige Pronomen repräsentiert: Wird also ein „Ich" gewürfelt, bewegt sich die Gruppe mit dem Pronomen „mich" an die entsprechende Stelle. Dann wird der Satz durch Ihre Schüler laut vorgelesen: „Ich setze mich." Tauschen Sie im Verlauf des Spiels die Gruppen.

Würfel-Vorlagen

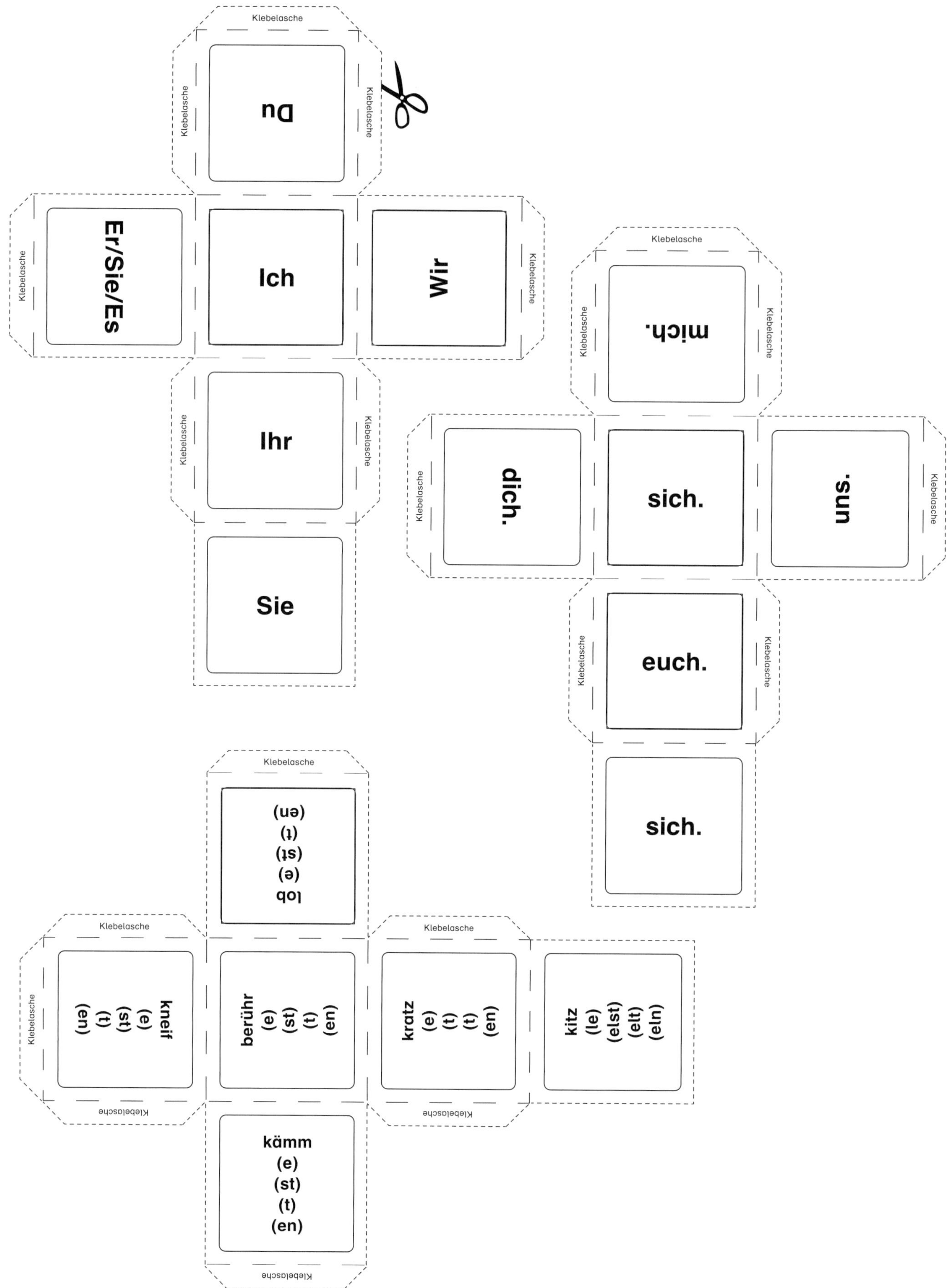

13. Personalpronomen im Dativ

Grammatikalischer Inhalt

Personalpronomen im Dativ

Kompetenzerwartungen

Ihre Schüler wissen, dass es weitere Formen des Personalpronomens gibt, und lernen diese im Dativ kennen.

Materialliste/Vorbereitung

- KV „Pronomen ankreuzen" (S. 48), in Klassenstärke kopiert
- Schere, Stift o. Ä.

Stundenverlauf

Einstieg (ca. 20 Min.)

Versammeln Sie sich im Sitzkreis und legen Sie alltägliche Schulgegenstände, wie Schere und Stifte, in die Mitte. Nehmen Sie einen dieser Gegenstände und geben Sie ihn an den Schüler, der direkt neben Ihnen sitzt. Sagen Sie dabei: „Ich gebe dir (die Schere)." Zeigen Sie dabei zunächst auf sich und dann auf Ihren Schüler. Betonen Sie immer die Personalpronomen. Anschließend ist der angesprochene Schüler dran und wiederholt alles mit seinem Sitznachbarn. Wenn alle einmal dran waren, geben Sie dem Schüler, der neben Ihnen sitzt, einen Gegenstand in die Hand und sagen: „Du gibst mir (die Schere)." Ihr Schüler gibt Ihnen dabei den Gegenstand. Zeigen Sie zunächst auf Ihren Schüler, dann auf sich. Reihum geht es nun so weiter, bis alle einmal dran waren.
Bestimmen Sie anschließend zwei Schüler, die sich in der Mitte gegenüberstehen, am besten einen Jungen und ein Mädchen. Eines der Kinder hält einen Gegenstand in der Hand. Sagen Sie nun, z. B.: „Er gibt ihr (die Schere)." Dabei gibt der Junge dem Mädchen die Schere. Sagen Sie anschließend: „Sie gibt ihm (die Schere)." Dabei gibt das Mädchen dem Jungen die Schere. Anschließend ist der Schüler neben Ihnen dran und so fort.
Teilen Sie anschließend den Sitzkreis in zwei Gruppen. Nun sollen die Sätze „Wir geben euch (die Schere)" und „Ihr gebt uns (die Schere)" von jedem Schüler gesprochen werden, nachdem Sie die Sätze eingeführt haben. Zum Abschluss bleiben lediglich pro Gruppe zwei bis drei Schüler stehen, die anderen Kinder setzen sich wieder. Sagen Sie: „Sie geben Ihnen (die Schere)." Zeigen sie dabei auf die jeweiligen Gruppen, Ihre Schüler führen die Aktion aus. Anschließend wird reihum der Satz wiederholt.

Arbeitsphase (ca. 15 Min.)

Verteilen Sie die KV „Personalpronomen ankreuzen". Unterstützen Sie Ihre Schüler ggf. bei der Bearbeitung.

Abschluss/Reflexion (ca. 10 Min.)

Spielen Sie noch einmal das Spiel vom Einstieg der Stunde. Allerdings kann nun „frei" gespielt werden. Jeder Schüler ist reihum dran und darf sich eine bestimmte Konstellation aussuchen und diese dann entweder selbst durchführen („Ich gebe dir.") oder seine Mitschüler entsprechend aufstellen und sie etwas durchführen lassen („Sie geben ihnen.").

Pronomen ankreuzen

1. Kreuze das richtige Pronomen an.

2. Schreibe es in die Lücken.

.... esse Kekse. O Ich O Mir O Mich	Anna gibt .... eine Schere. O sie O mir O mich	Ben gibt .... einen Stift. O dir O er O dich
Luca leiht .... einen Ball. O wir O sie O ihm	Erkennst du .... wieder? O ihr O ihm O sie	Gibst du .... etwas ab? O sie O uns O wir
Wir möchten mit .... spielen. O mich O du O euch	Ich hole .... den Schlüssel. O ihnen O wir O sie	Du kennst .... aus der Schule. O ihr O sie O mir
Ich begleite .... O dich O ich O wir	.... spielen gern Fußball. O Ihm O Wir O Euch	Siehst du ....? O wir O ihn O ihnen
Ich besuche .... gern. O er O mir O euch	Ich koche .... Nudeln. O uns O sie O ich	Ich mag .... sehr gern. O ihnen O es O du
Mona bringt .... das Lineal. O ihr O sie O dich	Kannst du .... eine Schere mitbringen? O ich O du O ihm	Du findest .... in der Küche. O euch O mich O ihr

Verben

14. Was ist ein Verb?

Grammatikalischer Inhalt

Definition Wortart Verben

Kompetenzerwartungen

Die Schüler kennen die Wortart Verb und können sie von anderen abgrenzen.

Materialliste/Vorbereitung

- KV „Merk-Zettel: Was ist ein Verb?" (S. 51), in Klassenstärke kopiert
- KV „Bildkarten Verben" (S. 52), 1-mal kopiert und ausgeschnitten
- KV „Verben-Spiel" (S. 53), in halber Klassenstärke kopiert
- pro Schüler eine Spielfigur, immer zwei Schüler teilen sich einen Würfel

Stundenverlauf

Einstieg (ca. 20 Min.)

Legen Sie die vorbereiteten „Bildkarten Verben" durcheinander auf Ihr Pult. Bitten Sie einen Schüler nach vorn, der sich ein Verb aussucht und es pantomimisch vorführt. Die anderen Schüler raten, was dargestellt wird. Wird das Verb erraten, schreiben Sie es an die Tafel/das Whiteboard. Wer das Wort errät, kommt nach vorn und macht das nächste Verb vor. Spielen Sie einige Durchgänge und fragen Sie dann, was die *dargestellten* Wörter gemeinsam haben (→ Schüler haben Bewegungen ausgeführt; → es waren Dinge, die man tun kann, daher der Begriff „Tunwörter"; → Verben beschreiben Dinge, die passieren). Fragen Sie, was die *angeschriebenen* Wörter gemeinsam haben (→ alle Wörter werden kleingeschrieben).

Arbeitsphase (ca. 15 Min.)

Zunächst bearbeiten Ihre Schüler die KV „Merk-Zettel: Was ist ein Verb?". Teilen Sie dann Ihre Schüler in 2er-Gruppen ein. Jeder Schüler bekommt eine Spielfigur. Immer zwei Schüler teilen sich einen Würfel und spielen nun das Verben-Spiel. Dabei wird abwechselnd gewürfelt und die Spielfigur je nach gewürfelter Augenzahl gezogen. Das Verb, auf dem der jeweilige Schüler landet, soll pantomimisch dargestellt werden. Auf einigen Feldern passiert zunächst nichts, sondern die Spielfigur muss dorthin bewegt werden, wohin der Pfeil zeigt. Im Anschluss wird das Verb ausgeführt, das auf diesem Feld zu sehen ist. Sobald der erste Schüler das Ziel erreicht hat, ist das Spiel vorbei und es kann von Neuem begonnen werden.

Variante
Teilen Sie Ihre Schüler in 3er-Gruppen ein. Zwei Spieler spielen das Spiel wie oben beschrieben, ein Kind ist der „Schiedsrichter" und darf das Spielfeld nicht sehen. Die Verben werden dem Schiedsrichter vorgespielt. Wenn der das Verb nicht errät, muss der Spieler, der es vorgemacht hat, auf das Feld zurück, von dem aus er in dieser Runde gestartet ist.

Abschluss/Reflexion (ca. 10 Min.)

Erinnern Sie Ihre Schüler an die Merkmale eines Verbs. Im Anschluss stellen sich alle Schüler an ihren Platz. Sie sollen nun Verben erkennen. Dazu müssen sie gut zuhören. Stellen Sie sich vor Ihre Klasse und nennen Sie Wörter verschiedener Wortarten, darunter Verben (z. B.: „rennen", „sitzen", „liegen"). Immer wenn Ihre Schüler ein Verb hören, sollen sie die Hand heben. Hören Sie eine andere Wortart, bleibt die Hand unten. Sollte ein Schüler nicht die Hand heben, obwohl ein Verb genannt wurde, muss er sich setzen; ebenso, wenn ein Schüler die Hand hebt, obwohl eine andere Wortart genannt wurde. Spielen Sie das Spiel so lange, bis nur noch ein Kind übrig ist. Schwieriger wird es, wenn Sie die Geschwindigkeit der Wortnennungen erhöhen.

Merk-Zettel: Was ist ein Verb?

Verben beschreiben, was geschieht oder ist.

Verben beschreiben etwas, das man tun kann.

Verben werden in der Regel kleingeschrieben.

lesen lernen bezahlen

Kreuze alle Bilder an, auf denen ein Verb dargestellt wird.

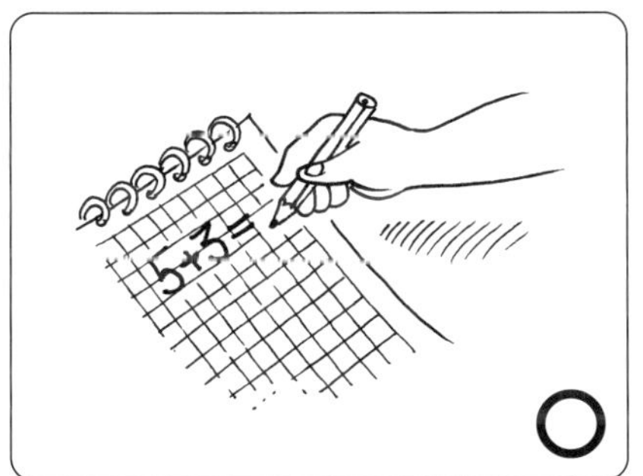

Illustrationen: Norbert Höveler

 © Verlag an der Ruhr | Autorin/Autor: K. Gerritzen, J. Reschke | ISBN 978-3-8346-3774-1 | www.verlagruhr.de

Kopiervorlage

Bildkarten Verben

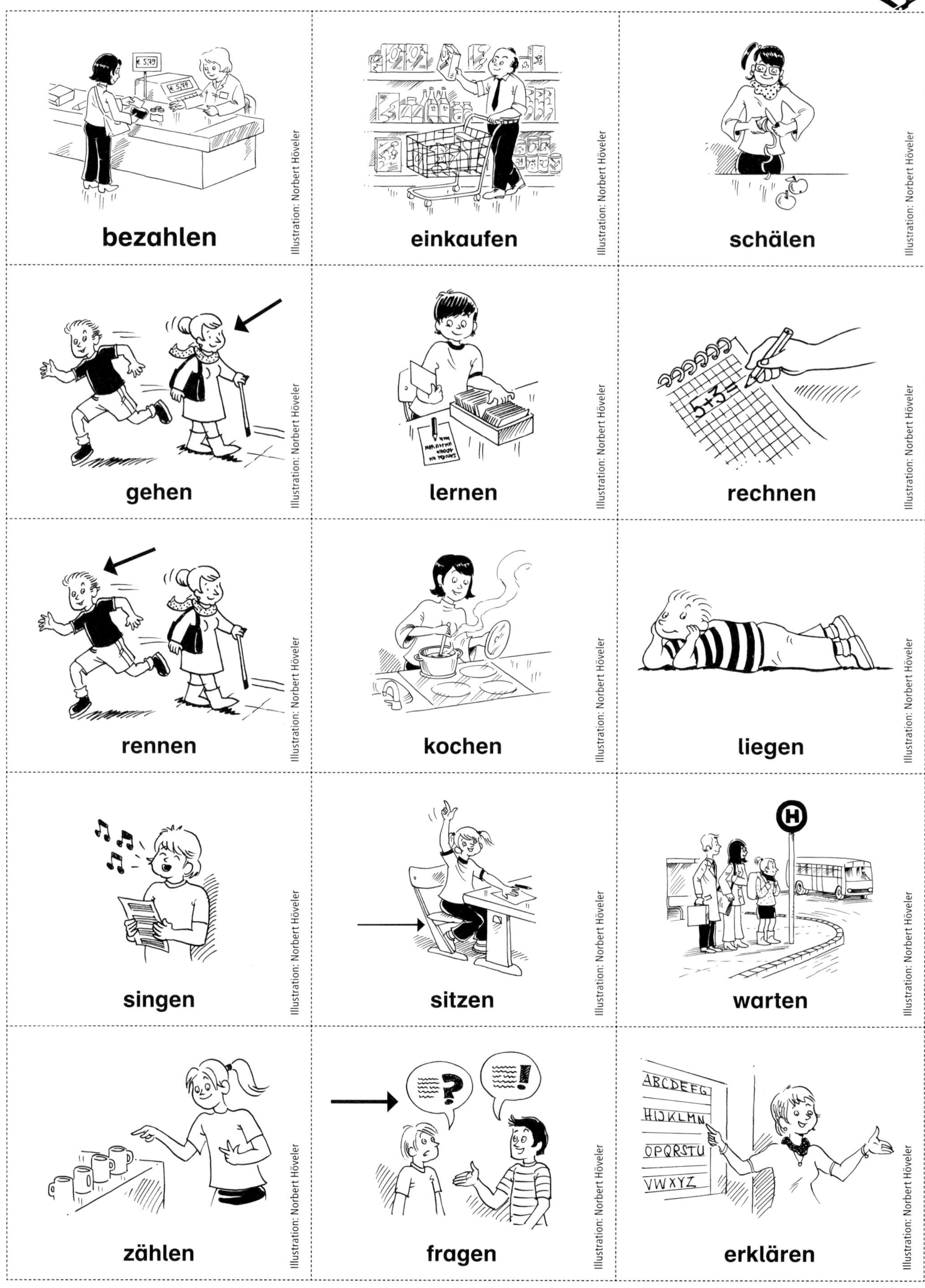

  ISBN 978-3-8346-3774-1 | www.verlagruhr.de

Verben-Spiel

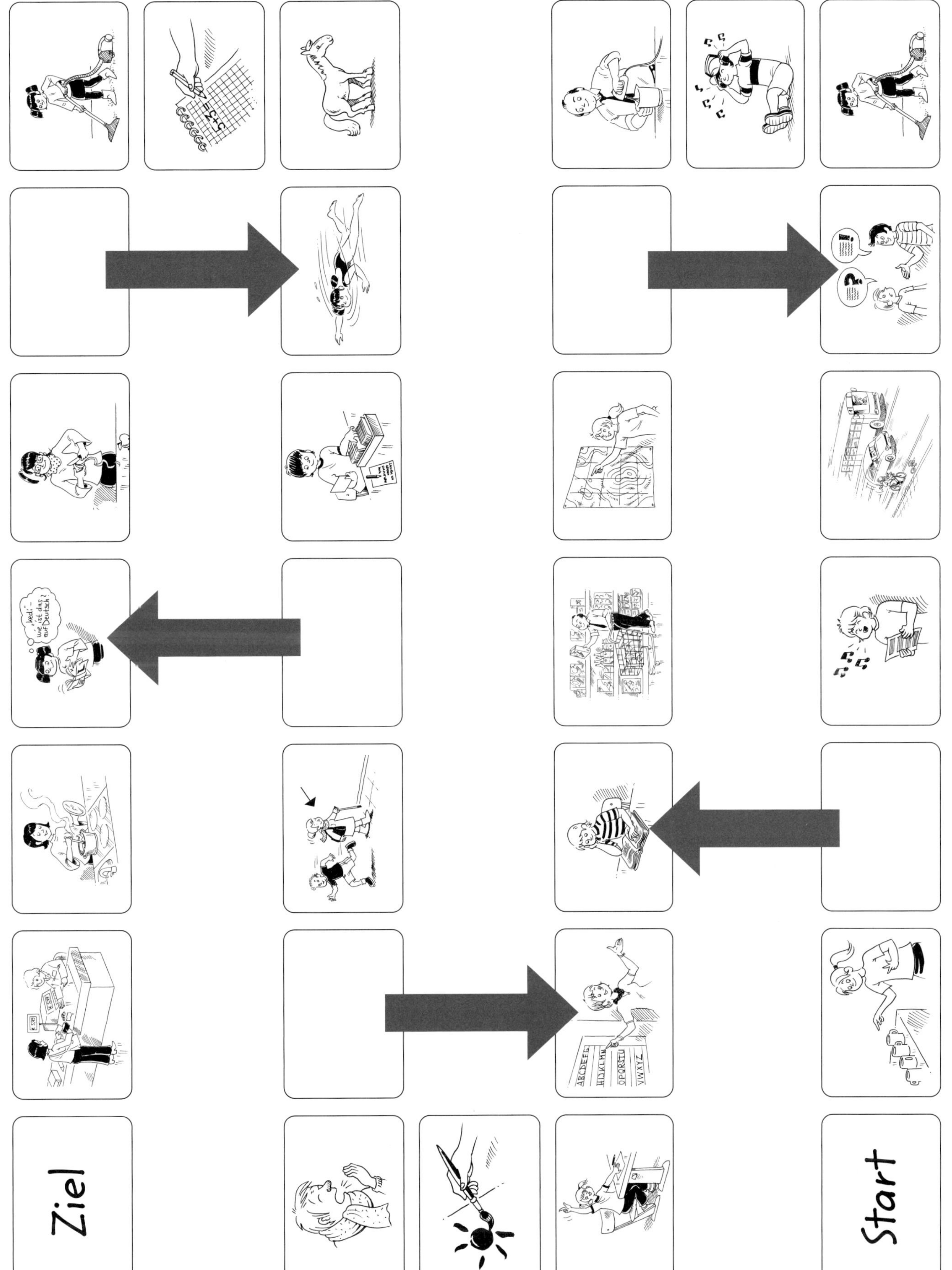

Illustrationen: Norbert Höveler

 | ISBN 978-3-8346-3774-1 | www.verlagruhr.de

Regelmäßige Verben 1

Grammatikalischer Inhalt

regelmäßige Verben

Kompetenzerwartungen

Die Schüler können regelmäßige Verben konjugieren.

Materialliste/Vorbereitung

- KV „Würfel-Vorlagen" (S. 46), sodass immer drei Kinder Ihrer Klasse den Würfel mit „ich", „du" etc. haben; nutzen Sie alternativ die Würfel, die in der 11. Stunde gebastelt wurden
- KV „Regelmäßige Verben konjugieren" (S. 55), für alle 3er-Gruppen eine Kopie
- Blanko-Lernplakat
- Würfel (immer ein Würfel für drei Kinder)
- Spielfiguren

Stundenverlauf

Einstieg (ca. 15 Min.)

Erstellen Sie mit Ihren Schülern ein Lernplakat. Hängen Sie dazu ein großes, unbeschriebenes Plakat an die Tafel/das Whiteboard. Schreiben Sie oben auf das Plakat ein regelmäßiges Verb mit der Infinitiv-Endung „-en", z. B. „kaufen". Schreiben Sie dann untereinander die Personalpronomen „ich", „du", „er/sie/es", „wir", „ihr" und „sie". Fragen Sie nun Ihre Schüler, wie das Verb in der jeweiligen Personalform heißt. Sofern Ihre Schüler die passende Verbform wissen, tragen Sie sie an der entsprechenden Stelle ein. Helfen Sie bei Schwierigkeiten. Markieren Sie die Verbendungen farbig. Wiederholen Sie dies auf demselben Plakat für ein regelmäßiges Verb, das nicht auf „-en", sondern auf „-eln" endet, z. B. „sammeln". Schreiben Sie alle Verbformen neben die Verbformen des ersten Verbs, damit Ihre Schüler die Unterschiede erkennen. Wiederholen Sie dies für regelmäßige Verben, bei denen in der 2. und 3. Person Singular sowie der 2. Person Plural ein zusätzliches „e" hinzugefügt wird, z. B. „arbeiten" („du arbeitest", „er/sie/es arbeitet", „ihr arbeitet"). Das Lernplakat wird auch für die folgende Stunde benötigt.

Arbeitsphase (ca. 20 Min.)

Teilen Sie Ihre Klasse in 3er-Gruppen ein. Jede Gruppe benötigt einen normalen Würfel, Spielfiguren, einen Personalpronomen-Würfel („ich", „du" etc.) sowie das Spielfeld „Regelmäßige Verben konjugieren". Der erste Schüler einer Gruppe würfelt mit dem normalen Würfel und zieht seine Spielfigur. Dann würfelt er den Personalpronomen-Würfel und bildet die richtige Verbform zum Verb, auf dem er gelandet ist. Er darf dabei auf das Lernplakat schauen. Konjugiert er das Verb korrekt, bleibt er stehen. Ansonsten muss er auf das Feld zurück, von dem aus er gestartet ist. Die beiden anderen Schüler kontrollieren die Antwort. Nun ist das nächste Kind dran. Wenn der erste Schüler das Ziel erreicht, endet das Spiel.

Abschluss/Reflexion (ca. 10 Min.)

Konjugieren Sie ein Verb mit Ihrer Klasse, indem Sie es vormachen, z. B. „gehen" → „ich gehe" (Sie gehen durch die Klasse, zeigen auf sich und sagen „ich gehe"). Zeigen Sie bei „du gehst" auf einen Ihrer Schüler, der nun gehen soll. Sagen Sie dabei „du gehst". Verfahren Sie genauso für „er geht" und „sie geht". Dabei zeigen Sie auf ein Kind, schauen aber den Rest der Klasse an. Bei „wir gehen", gehen alle zusammen durch die Klasse, bei „ihr geht" bleiben Sie stehen und nur Ihre Schüler gehen (Zeigen Sie dabei auf Ihre Schüler). Für „sie gehen" holen Sie einen Schüler zu sich, sprechen zu ihm und zeigen auf die anderen Schüler, die dann gehen.
Machen Sie die Übung mit beliebig vielen Verben.

Regelmäßige Verben konjugieren

Ziel/ Start	kaufen	machen	warten	trinken
schälen				kochen
fragen				lernen
sammeln				googeln
loben				mieten
telefonieren				klingeln
suchen				singen
lächeln				arbeiten
liegen				spülen
reiten	spielen	atmen	finden	reden

  ISBN 978-3-8346-3774-1 | www.verlagruhr.de

16. Regelmäßige Verben 2

Grammatikalischer Inhalt

regelmäßige Verben

Kompetenzerwartungen

Die Schüler können regelmäßige Verben konjugieren.

Materialliste/Vorbereitung

- Personalpronomen-Würfel von der KV „Würfel-Vorlagen" (S. 46), in halber Klassenstärke kopiert; nutzen Sie alternativ die Würfel, die bereits in der 11. und 15. Stunde gebastelt wurden
- KV „Bildkarten Verben" (S. 52), in halber Klassenstärke kopiert
- KV „Verben-Suchsel" (S. 57), in Klassenstärke kopiert
- KV „Was passt zusammen?" (S. 58), in Klassenstärke kopiert
- KV „Verben-Domino" (S. 59), in Klassenstärke kopiert

Stundenverlauf

Einstieg (ca. 10–15 Min.)

Hängen Sie das Lernplakat der vergangenen Stunde an die Tafel. Wiederholen Sie kurz die Verbformen anhand des Beispielverbs „lernen".
Verteilen Sie nun die KV „Verben-Suchsel" an Ihre Schüler. Ihre Schüler sollen nun das Arbeitsblatt bearbeiten. Helfen Sie ggf. (Lösung: siehe rechte Spalte)

Arbeitsphase (ca. 20 Min.)

Verteilen Sie die Arbeitsblätter „Was passt zusammen?" und „Verben-Domino". Ihre Schüler bearbeiten nun zunächst das Arbeitsblatt „Was passt zusammen?".
Im Anschluss schneiden sie die Domino-Karten der KV „Verben-Domino" aus, mischen die Karten und legen sie anschließend in der richtigen Reihenfolge aneinander.

Variante

Das Spiel kann natürlich auch nach Domino-Regeln in 2er-Gruppen gespielt werden.

Abschluss/Reflexion (ca. 10–15 Min.)

Teilen Sie Ihre Klasse in 2er-Gruppen ein oder lassen Sie Ihre Schüler einen Partner suchen. Verteilen Sie nun an jede Gruppe die KV „Bildkarten Verben". Ihre Schüler schneiden die Verbkarten aus, mischen sie und legen sie verdeckt auf einen Stapel. Nun deckt einer der beiden Schüler die oberste Karte auf. Dann würfelt er mit dem Personalpronomen-Würfel („ich", „du" etc., sollten Sie aus den Stunden 11 und 15 nicht genug haben, müssten vereinzelt noch welche gebastelt werden).
Wer als Erster das Verb richtig konjugiert, darf die Karte behalten. Dann deckt der nächste Schüler die oberste Karte auf. Wer am Ende mehr Karten hat, gewinnt. Beide Schüler kontrollieren mithilfe des Lernplakats, ob das Verb richtig konjugiert wurde.

Lösung „Verben-Suchsel":

Y	T	Y	Q	W	P	D	I	B	C	O
N	H	V	L	J	W	C	O	D	D	A
C	D	L	E	T	L	E	R	N	S	T
O	Q	D	R	J	U	G	V	D	R	G
W	R	D	N	F	L	F	L	R	R	M
N	L	K	E	O	E	L	E	S	J	L
W	E	U	N	H	R	O	R	T	O	E
P	R	T	J	X	N	N	N	I	B	R
T	N	W	P	F	E	D	T	X	M	N
Y	T	T	U	W	N	H	C	T	E	E
B	K	W	T	Y	R	G	M	Q	A	O

Verben-Suchsel

Suche die verschiedenen Formen des Verbs „lernen“.

Y	T	Y	Q	W	P	D	I	B	C	O
N	H	V	L	J	W	C	O	D	D	A
C	D	L	E	T	L	E	R	N	S	T
O	Q	D	R	J	U	G	V	D	R	G
W	R	D	N	F	L	F	L	R	R	M
N	L	K	E	O	E	L	E	S	J	L
W	E	U	N	H	R	O	R	T	O	E
P	R	T	J	X	N	N	N	I	B	R
T	N	W	P	F	E	D	T	X	M	N
Y	T	T	U	W	N	H	C	T	E	E
B	K	W	T	Y	R	G	M	Q	A	O

Diese Wörter sind im Suchsel versteckt:

lerne lernt lernt

lernen

lernst lernen

  ISBN 978-3-8346-3774-1 | www.verlagruhr.de

Was passt zusammen?

Verbinde.

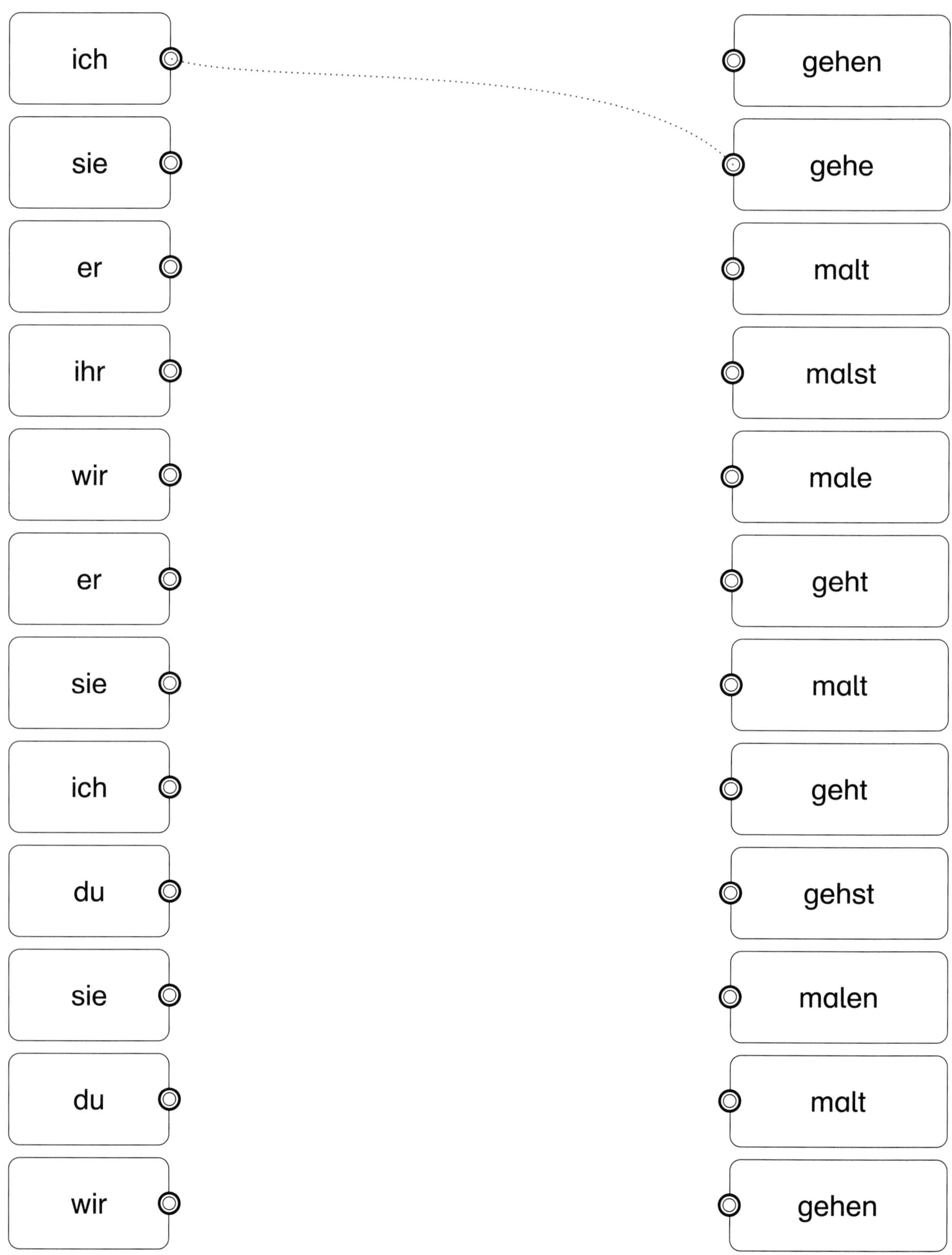

Verben-Domino

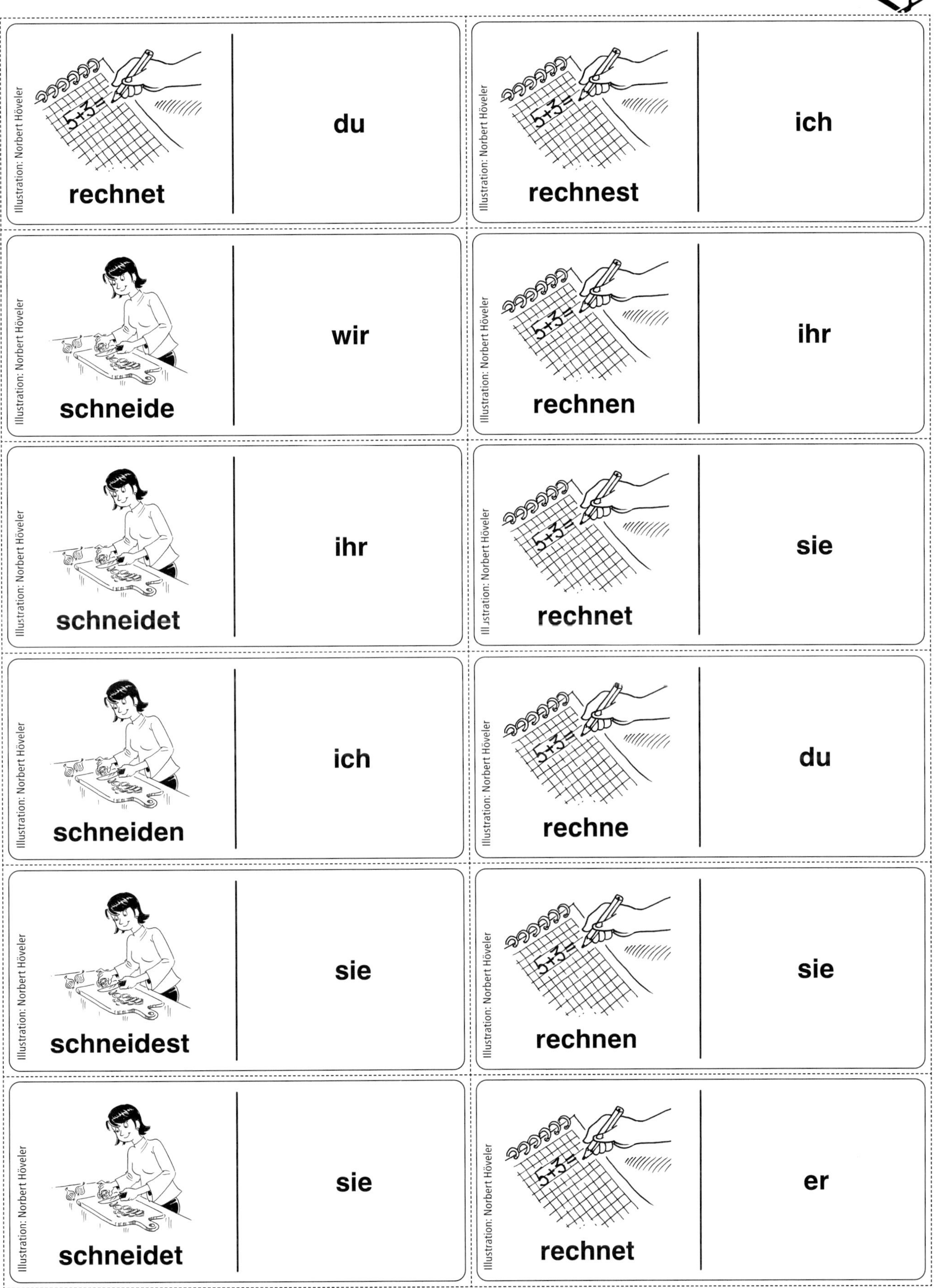

 © Verlag an der Ruhr | Autorin/Autor: K. Gerritzen, J. Reschke | ISBN 978-3-8346-3774-1 | www.verlagruhr.de

Unregelmäßige Verben 1

Grammatikalischer Inhalt

unregelmäßige Verben

Kompetenzerwartungen

Die Schüler kennen einige unregelmäßige Verben und können sie konjugieren.

Materialliste/Vorbereitung

- KV „Würfel-Vorlagen" (S. 46), sodass immer drei Kinder Ihrer Klasse den Würfel mit „ich", „du" etc. haben; nutzen Sie alternativ die Würfel, die bereits in der 11. und 15. Stunde, Reflexivpronomen, gebastelt wurden
- KV „Unregelmäßige Verben konjugieren" (S. 62), für alle 3er-Gruppen eine Kopie
- Blanko-Lernplakat
- Würfel, sodass immer drei Kinder Ihrer Klasse einen Würfel haben
- DIN-A4-Blätter mit verschiedenen unregelmäßigen Verben darauf
- Spielfiguren

Stundenverlauf

Einstieg (ca. 20 Min.)

Verfahren Sie hier wie in Stunde 15. Erstellen Sie gemeinsam mit Ihren Schülern ein Lernplakat. Hängen Sie dazu ein großes, unbeschriebenes Plakat an die Tafel oder das Whiteboard. Schreiben Sie oben auf das Plakat ein unregelmäßiges Verb mit dem Vokalwechsel von „a" auf „ä" in der Infinitiv-Form, z. B. „fahren".

Schreiben Sie dann untereinander die Personalpronomen „ich", „du", „er/sie/es", „wir", „ihr" und „sie". Fragen Sie nun Ihre Schüler, ob Sie wissen, wie das Verb in der jeweiligen Personalform heißt.
Sofern Ihre Schüler die passende Verbform wissen, können Sie sie an der entsprechenden Stelle eintragen. Helfen Sie bei Schwierigkeiten.
Markieren Sie die Verbendungen farbig.
Wiederholen Sie dies anschließend auf demselben Plakat für ein unregelmäßiges Verb mit einem Vokalwechsel von „e" nach „i", z. B. „geben". Schreiben Sie alle Verbformen neben die Verbformen des ersten Verbs, damit Ihre Schüler die Unterschiede erkennen.
Wiederholen Sie dies für unregelmäßige Verben, bei denen der Vokal von „e" nach „ie" wechselt, z. B. „lesen".
Der Wechsel von „au" auf „äu" wird an dieser Stelle nicht behandelt.
Je nach Leistungsstärke Ihrer Klasse: Erklären Sie Ihren Schülern, dass sich bei diesen „starken" Verben im Präsens jeweils nur die 2. und 3. Person Singular ändert. Der Plural verhält sich wie bei den regelmäßigen Verben.

Arbeitsphase (ca. 15 Min.)

Teilen Sie Ihre Klasse in 3er-Gruppen ein. Jede Gruppe benötigt einen normalen Würfel, Spielfiguren für alle Gruppenmitglieder, einen Personalpronomen-Würfel („ich", „du" etc.) sowie die KV „Unregelmäßige Verben konjugieren". Der erste Schüler einer Gruppe würfelt mit dem normalen Würfel und zieht entsprechend den Augen. Dann würfelt er den Personalpronomen-Würfel und bildet die richtige Verbform zum Verb, auf dem er steht. Er darf dabei auf das Lernplakat schauen. Wenn er das Verb korrekt konjugiert, bleibt er stehen. Ansonsten muss er auf das Feld zurück, von dem aus er in dieser Runde gestartet ist. Die beiden anderen Kinder kontrollieren die Antwort. Dann ist das nächste Kind dran. Wenn der erste Schüler das Ziel erreicht, endet das Spiel.

Unregelmäßige Verben 1

Abschluss/Reflexion (ca. 10 Min.)

Versammeln Sie sich mit Ihren Schülern im Sitzkreis. Legen Sie die DIN-A4-Blätter mit den unregelmäßigen Verben in die Mitte. Nehmen Sie sich eines der Verben bzw. das Blatt, auf dem das Verb steht, und geben Sie es einem Schüler. Dieser Schüler soll dann das Verb mit dem Personalpronomen „ich" konjugieren. Dann gibt er es an das nächste Kind weiter, der das Verb nun in Kombination mit „du" konjugieren soll. Verfahren Sie so auch für die anderen Personalpronomen „er", „sie", „es", „wir", „ihr", „sie". Nehmen Sie dann das nächste Verb und das Spiel beginnt erneut. Ihre Schüler dürfen das Lernplakat zu Hilfe nehmen.

Illustration: Norbert Höveler

Unregelmäßige Verben konjugieren

Ziel/ Start	laden	treffen	tragen	sprechen
geben				lassen
lesen				befehlen
fahren				graben
fangen				schlafen
helfen				werfen
essen				waschen
sehen				messen
vergessen				empfehlen
fressen	backen	stehlen	treffen	wachsen

18. Unregelmäßige Verben 2

Grammatikalischer Inhalt

unregelmäßige Verben

Kompetenzerwartungen

Die Schüler kennen die unregelmäßigen Verben „sein" und „haben" und können sie konjugieren.

Materialliste/Vorbereitung

- KV „Bildkarten Personalpronomen" (S. 43), 1-mal kopiert, vergrößert, laminiert; anschließend Personalpronomen ausschneiden
- KV „Sein und haben" (S. 65), 2-mal kopiert, vergrößert, laminiert; anschließend Karten ausschneiden
- Kreppband
- Blanko-Lernplakat
- Für das Spiel in der Arbeitsphase, sollten Sie das Spielfeld am besten bereits vor der Stunde in Ihrer Klasse oder der Turnhalle vorbereitet haben.

Stundenverlauf

Einstieg (ca. 20 Min.)

Erklären Sie Ihren Schülern, dass es weitere unregelmäßige Verben gibt, bei denen sich die Form aber noch einmal vom bisher Gelernten unterscheidet. Die wichtigsten dieser Verben lauten „sein" und „haben".
Um diese besonderen Verben einzuführen, holen Sie sich einen Ihrer Schüler nach vorn. Sagen Sie: „Ich BIN *(Ihr Name)*." Zeigen Sie dabei auf sich und betonen Sie, wie auch bei den folgenden Beispielen, besonders die Verbform.
Schauen Sie dann Ihren Schüler an und sagen Sie zu ihm: „Du BIST *(Name des Schülers)*." Wenden Sie sich dann Ihrer Klasse zu, zeigen Sie auf den Schüler neben sich und sagen Sie: „Das IST *(Name des Schülers)*."
Legen Sie dann den Arm um den Schüler neben sich, beschreiben Sie mit dem anderen einen Kreis und sagen Sie: „Wir SIND alle in der Klasse *(Name der Klasse)*."
Zeigen Sie dann mit beiden Händen auf Ihre Schüler: „Ihr SEID alle Schüler von mir." Sprechen Sie zum Abschluss noch einmal zum Schüler neben sich. Schauen Sie ihn an, zeigen Sie dabei auf Ihre Klasse und sagen Sie: „Sie SIND alle Schüler der Klasse *(Name der Klasse)*."
Wiederholen Sie dies nun für das Verb „haben": „Ich habe einen Stift." (Halten Sie einen Stift hoch, auch im Anschluss soll der entsprechende Gegenstand immer gezeigt werden.)
„Du hast ein/einen *(Gegenstand oder Kleidungsstück)*."
„Er/Sie hat ein/einen *(Gegenstand oder Kleidungsstück)*."
„Wir haben *(z. B. alle Kleidung an)*."
„Ihr habt *(z. B. alle eine Schultasche)*."
Zum Schüler neben sich: „Sie haben *(z. B. alle eine Schultasche)*."
Erstellen Sie anschließend gemeinsam mit Ihren Schülern das entsprechende Lernplakat wie in den Stunden zuvor. Das Lernplakat benötigen Sie auch für die Folgestunde.

Arbeitsphase (ca. 15 Min.)

Für dieses Spiel sollten Sie in Ihrer Klasse entweder viel Platz schaffen oder in die Sporthalle gehen. Es kann laut werden. Legen Sie mit Seilen oder kleben Sie mit Kreppband das auf S. 64 abgebildete Spielfeld. Nutzen Sie dabei die Personalpronomenkarten und die vorbereiteten Verben auf DIN A4.

Unregelmäßige Verben 2

	sein	haben
ich		
du		
er		
sie		
es		
wir		
ihr		
sie		

Verteilen Sie vor jeder Runde verdeckt die Verbformen von „sein" und „haben" an Ihre Schüler. Die Wortkarten dürfen erst angesehen werden, wenn Sie das Signal geben. Wenn Sie das Signal gegeben haben, haben Ihre Schüler 15 Sekunden Zeit, sich auf das richtige Feld zu stellen (z. B. Kind hat Verbform „haben" → Kind stellt sich entweder nach ganz rechts unten, „sie haben", oder zwei Felder darüber, „wir haben"). Wenn die Zeit um ist, darf sich kein Kind mehr bewegen. Anschließend prüfen Sie, ob die Kinder richtig stehen. Spielen Sie mehrere Durchgänge, bei denen die Karten immer wieder neu verteilt werden.

Optimal funktioniert dieses Spiel mit 16 Kindern, weil dann jedes Kind eine Verbform bekommen kann. Allerdings kann auch problemlos mit mehr oder weniger Kindern gespielt werden. Bei mehr Kindern können Sie entweder mehrere Durchgänge mit verschiedenen Gruppen machen oder einfach manche Verbformen 2-mal an verschiedene Kinder verteilen (müsste entsprechend in der Vorbereitung berücksichtigt werden). Bei weniger Kindern bleiben beim Spiel einfach Felder frei.

Variante

Sie können das Spiel natürlich auch mit anderen Verben spielen.

Abschluss/Reflexion (ca. 5 Min.)

Versammeln Sie sich im Sitzkreis. Da es beim Spiel zuvor etwas lauter zuging, soll nun das nächste Spiel in völliger Stille ablaufen. Sie können noch einmal die Personalpronomen und Verbformen aus dem Spiel zuvor nutzen. Legen Sie die Personalpronomen in die Mitte des Sitzkreises. Verteilen Sie dann an jeden Ihrer Schüler eine Verbformkarte zu den Verben „sein" und „haben". Ihre Schüler sollen darauf achten, dass die jeweiligen Nachbarn sie nicht sehen. Zeigen Sie nun auf eine Personalform. Alle Schüler, die eine Verbform haben, die dazu passt, dürfen diese nun ablegen. Wenn alle Karten abgelegt wurden, ist das Spiel vorbei. Spielen Sie je nach Zeit mehrere Runden.

Sein und haben

sein	haben
bin	habe
bist	hast
ist	hat
ist	hat
ist	hat
sind	haben
seid	habt
sind	haben

19. Verben im Perfekt

Grammatikalischer Inhalt

Verben im Perfekt

Kompetenzerwartungen

Schüler können das Perfekt mit den Verben „sein" und „haben" bilden.

Materialliste/Vorbereitung

- KV „Bildkarten Personalpronomen" (S. 43), 2-mal kopiert, vergrößert und laminiert; anschließend ausschneiden
- Verben „sein" und „haben" auf Papier, z. B. von der KV „Sein und haben" (S. 65), je nach Schülerzahl bei der Reflexion
- KV „Ich bin …" (S. 68), in Klassenstärke kopiert
- KV „Ich habe …" (S. 69), in Klassenstärke kopiert

Stundenverlauf

Einstieg (ca. 20 Min.)

Nutzen Sie das in Stunde 18 entstandene Lernplakat und hängen Sie es erneut an die Tafel/das Whiteboard. Erklären Sie Ihren Schülern, dass Sie die Verben „sein" und „haben" nutzen können, um etwas zu sagen, das in der Vergangenheit geschehen ist.
Hängen Sie nun das Plakat wieder ab und wiederholen Sie mit Ihren Schülern noch einmal die Verbformen für das Verb „sein". Sie können dies wie in der vergangenen Stunde bei der Einführung tun.
Schreiben Sie aber jede Kombination nun untereinander an die Tafel („ich bin", „du bist", etc.). Lassen Sie dann etwas Platz und machen Sie dies auch für das Verb „haben". Daneben benötigen Sie ebenfalls Platz.
Schreiben Sie nun hinter alle Verbformen zum Verb „sein" beispielsweise das Verb „fahren" im Infinitiv. Fragen Sie nun Ihre Schüler, ob Sie die korrekte Perfekt-Form kennen. Schreiben Sie sie alternativ an die Tafel und unterstreichen Sie die Veränderungen (→ „fahren" → „gefahren"). Fragen Sie Ihre Schüler, was Ihnen aufgefallen ist (→ alle Formen von „fahren" gleich).
Machen Sie dies auch mit einem Verb in der Kombination mit „haben" und streichen Sie dort auch Buchstaben, die wegfallen (z. B. „ich habe gewartet"). Fragen Sie Ihre Schüler, was ihnen aufgefallen ist (→ alle Formen von „warten" gleich).
Erklären Sie Ihren Kindern unter Zuhilfenahme des folgenden Merksatzes, wann im Perfekt eine Form von „sein" und wann eine Form von „haben" verwendet wird.

Merksatz
Wenn das Verb eine Bewegung beschreibt, steht in der Vergangenheit eine Form von „sein". Wenn das Verb keine Bewegung ausdrückt, steht in der Vergangenheit eine Form von „haben".

Arbeitsphase (ca. 15 Min.)

Verteilen Sie die Kopiervorlagen „Ich bin …" und „Ich habe …" an Ihre Schüler. Ihre Schüler bearbeiten nun die Kopiervorlagen. Stehen Sie für Fragen zur Verfügung. Wenn ein Schüler früher fertig ist, kann er über weitere Bewegungsverben nachdenken, die nach dem Muster des Arbeitsblatts im Perfekt verwendet werden, und diese dazuschreiben. Ebenso kann er sich Verben überlegen, die zu „haben" passen, und sie in der korrekten Form dazuschreiben.

Verben im Perfekt

Abschluss/Reflexion (ca. 10 Min.)

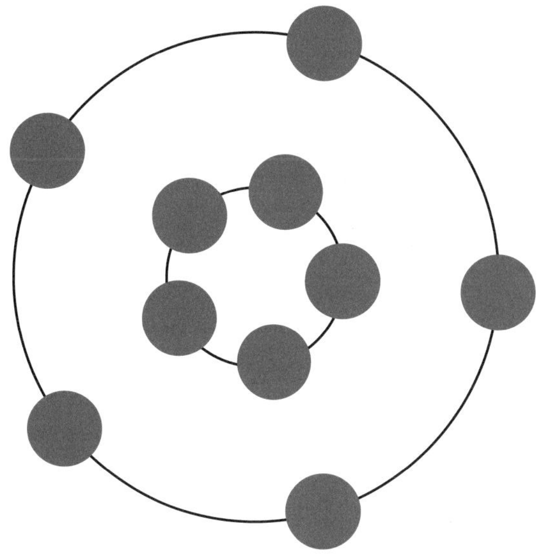

Spielen Sie mit Ihren Schülern das Spiel „Kugellager". Dabei spielen immer zwei Gruppen miteinander und bilden jeweils einen inneren und einen äußeren Ring. Teilen Sie dazu Ihre Schüler in möglichst zwei gleich große Gruppen, im Idealfall stehen je acht Schüler in einem Ring.
Die Schüler im inneren Ring erhalten entweder das Verb „sein" oder „haben" und halten es vor sich. Die Schüler im äußeren Ring erhalten je ein Personalpronomen. Es stehen sich immer zwei Kinder gegenüber. Die Kinder des inneren Kreises nennen nun die passende Verbform ihres Verbs, abhängig vom Personalpronomen des Kindes gegenüber. Auf ein Signal hin gehen die Kinder des inneren Kreises einen Schritt nach links, sodass sie einen neuen Partner vor sich haben. Haben sich alle im inneren Kreis so weit fortbewegt, dass Sie wieder bei Ihrem Ausgangspartner angekommen sind, wird getauscht.
Sie können natürlich je nach Schülerzahl mehrere Kugellager bilden und Personalpronomen weglassen oder doppelt vorkommen lassen.

Ich bin ...

Verbinde das richtige Personalpronomen mit der richtigen Form von „sein“.

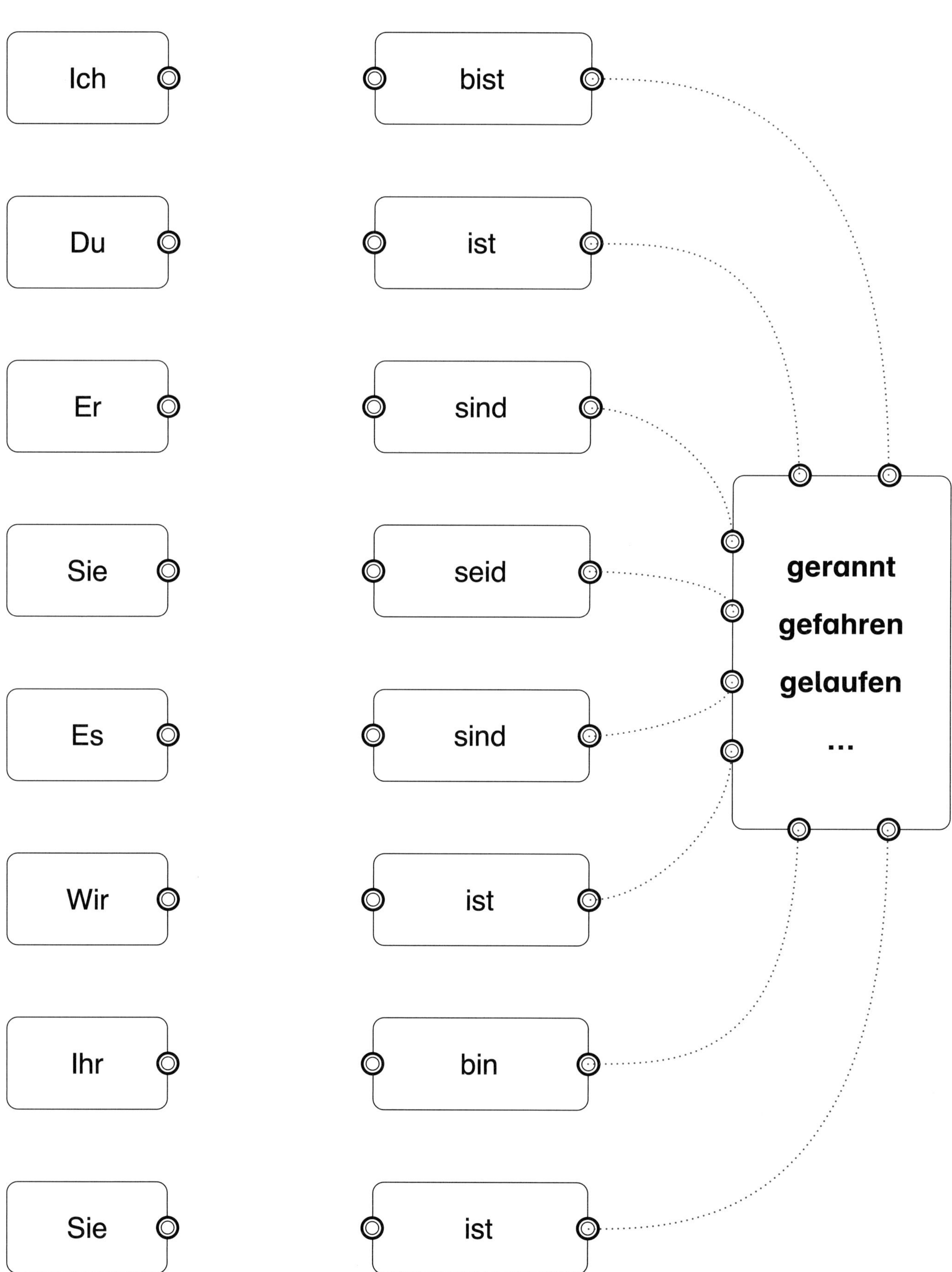

Ich habe …

Verbinde das richtige Personalpronomen mit der richtigen Form von „haben".

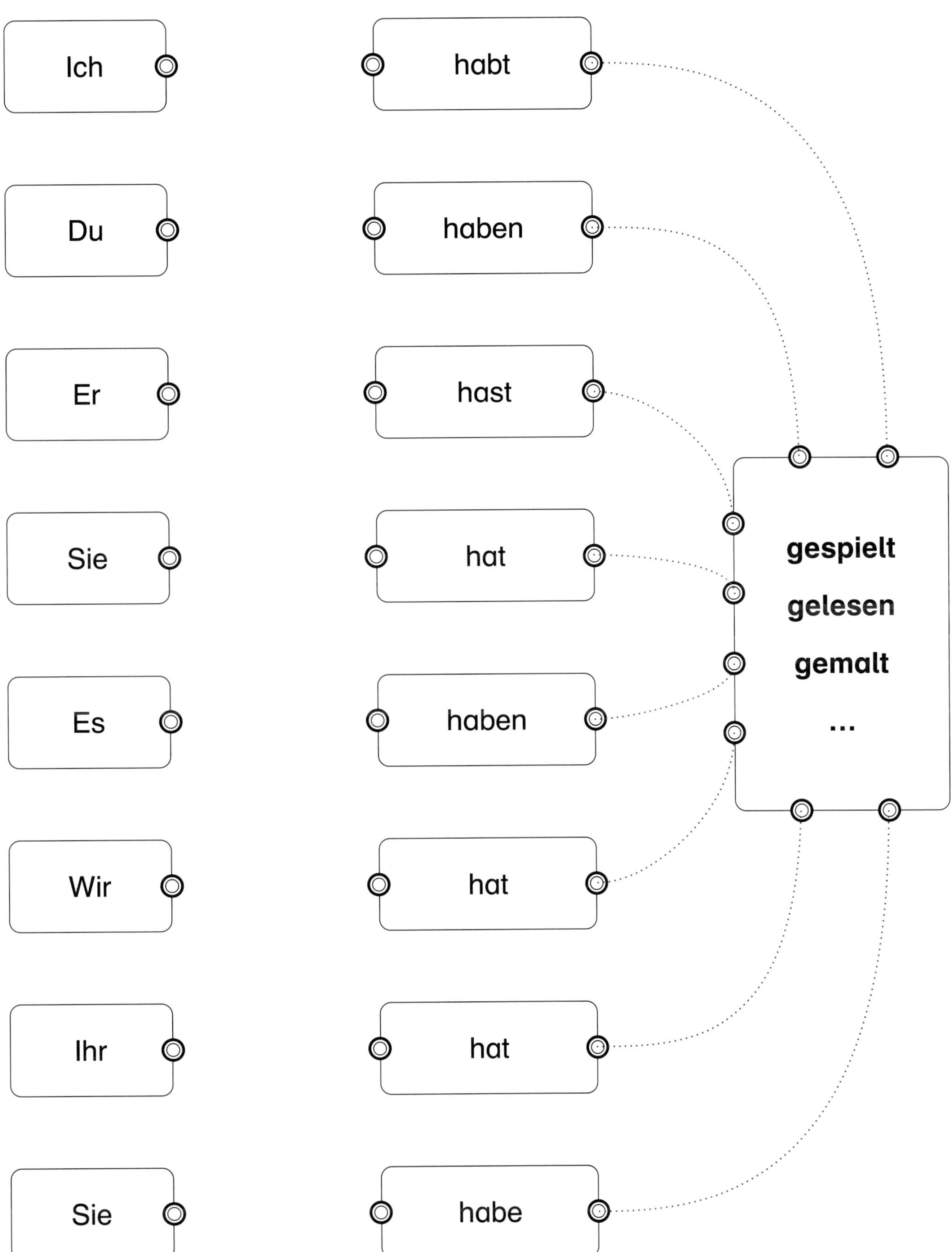

  | ISBN 978-3-8346-3774-1 | www.verlagruhr.de

Adjektive

20. Was ist ein Adjektiv?

Grammatikalischer Inhalt

Definition von Adjektiv

Kompetenzerwartungen

Die Schüler kennen die Wortart Adjektiv und können sie von anderen abgrenzen.

Materialliste/Vorbereitung

- KV „Merkzettel: Was ist ein Adjektiv?" (S. 73), 1-mal als OHP-Folie kopiert bzw. für das Whiteboard eingescannt, 1-mal in Klassenstärke kopiert
- KV „Wie ist die Zitrone" (S. 74), in Klassenstärke kopiert
- KV „Welche Farbe hat …?" (S. 75), in Klassenstärke kopiert
- Overheadprojektor, Folienstift

Stundenverlauf

Einstieg (ca. 10–15 Min.)

Schreiben Sie als stummen Impuls das Wort „Adjektiv" oder „Wiewort" an die Tafel. Fragen Sie die Schüler, ob sie wissen, was ein Adjektiv ist.
Sollte noch kein Vorwissen vorhanden sein, legen Sie direkt die Folie „Merkzettel Adjektiv" auf den OHP bzw. zeigen Sie sie auf dem Whiteboard.
Besprechen Sie gemeinsam mit den Schülern die Definition der Wortart Adjektiv.
Fordern Sie die Schüler auf, Ihnen Adjektive zu nennen. Schreiben Sie diese Adjektive auf die Linien der Folie.
Besprechen Sie gemeinsam mit den Schülern, wie die weiteren Aufgaben auf dem Arbeitsblatt zu bearbeiten sind.
Leiten Sie zur Arbeitsphase über und teilen Sie die KV „Merkzettel: Was ist ein Adjektiv?" aus.

Arbeitsphase (ca. 20–25 Min.)

Bei leistungsschwachen Schülern sollten Sie die gemeinsam erarbeitete Folie noch auf dem OHP liegen/auf dem Whiteboard angezeigt lassen und die Kinder schreiben die schon gefundenen Adjektive ab. Wer kann, ergänzt noch weitere.
Bei leistungsstarken Schülern schalten Sie den OHP/das Whiteboard aus und lassen die Schüler weitere Adjektive in Einzel- oder Partnerarbeit suchen und aufschreiben.
Ebenso sollten die Kinder dann die weiteren Aufgaben auf dem Arbeitsblatt bearbeiten.
Teilen Sie nun die KV „Wie ist die Zitrone?" aus.
Erklären Sie den Arbeitsauftrag. Ihre Schüler bearbeiten das Arbeitsblatt jeder für sich.

Abschluss/Reflexion (ca. 5–10 Min.)

Besprechen Sie die KV „Wie ist die Zitrone?" Bitten Sie die Schüler, die kompletten Sätze vorzulesen.
Im Anschluss sollen die Schüler jeweils einen Gegenstand aus ihrem Tornister zu nehmen. Abwechselnd halten die Schüler ihren Gegenstand hoch und beschreiben ihn im ganzen Satz.
Anschließend sagen sie, welches das Adjektiv in ihrem Satz war.
Sollten Sie noch Zeit haben, teilen Sie die KV „Welche Farbe hat …?" aus.
Die Kinder malen die Bildvorlage dort bunt aus und erzählen dann ihrem Partner, auch wieder in ganzen Sätzen, wie sie die entsprechenden Kleidungsstücke angemalt haben.
Sollten Sie keine Zeit mehr übrighaben, können Sie dieses Blatt auch als Hausaufgabe mit nach Hause geben.

Merk-Zettel: Was ist ein Adjektiv?

Adjektive sind Wiewörter.
Adjektive beschreiben, wie Lebewesen und Dinge sind.
Adjektive schreibst du in der Regel klein.

Der **junge** Hund.

Der Hund ist **weiß**.

Der Hund bellt **laut**.

Wie ist der Hund?

Wie bellt der Hund?

Schreibe weitere Adjektive auf.

....

Welches Adjektiv passt zu welchem Nomen? Verbinde.

das Sofa ◎	◎ gestreift
der Kaffee ◎	◎ schnell
die Kinder ◎	◎ weich
die Katze ◎	◎ heiß

Schreibe wie im Beispiel.

Das Sofa ist weich.	das weiche Sofa
....	....
....	....
....	....
....	....

Illustrationen: Norbert Höveler

  ISBN 978-3-8346-3774-1 | www.verlagruhr.de

Wie ist die Zitrone?

1. Kreuze an.
Welche Adjektive passen zum Obst?

a) die Zitrone  O süß O sauer O eckig O gelb

b) die Banane  O krumm O hart O gelb O salzig

c) die Kirsche  O rot O rund O kuschelig O hart

d) der Apfel  O blau O rund O grün O leise

e) die Melone  O klein O groß O weiß O süß

2. Beantworte die Frage mit einem ganzen Satz.

a) Wie ist das Eis?  Das Eis ist süß und lecker. ……………………

b) Wie ist die Torte? 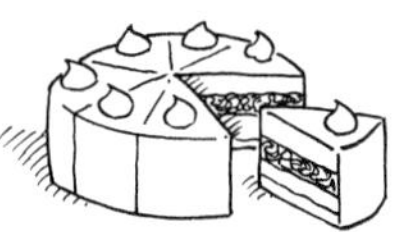 Die ……………………

c) Wie ist das Ei?  ……………………

d) Wie ist die Weintraube?  ……………………

e) Wie ist der Keks? 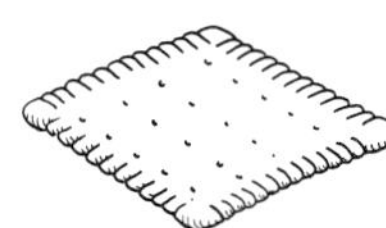 ……………………

Illustrationen: Norbert Höveler

Welche Farbe hat ...?

1. Male das Bild bunt an.

2. Erzähle deinem Partner zum Beispiel:
„Die Stiefel sind braun." Oder: „Ich habe die Hose blau angemalt."
Oder: „Da ist ein grüner Teppich."

Illustration: Norbert Höveler

Arbeitsblatt

Welche Farbe hat ...?

1. Male das Bild bunt an.

2. Erzähle deinem Partner zum Beispiel:
„Die Stiefel sind braun." Oder: „Ich habe die Hose blau angemalt."
Oder: „Da ist ein grüner Teppich."

Illustration: Norbert Höveler

75

30 x DaZ Grammatik für 45 Minuten | Deutsch-Anfänger
© Verlag an der Ruhr | Autorin/Autor: K. Gerritzen, J. Reschke | ISBN 978-3-8346-3774-1 | www.verlagruhr.de

Gegensätze bei Adjektiven

Grammatikalischer Inhalt

Gegensätze bei Adjektiven

Kompetenzerwartungen

Die Schüler lernen weitere Adjektive kennen und wissen, dass es zu vielen Adjektiven auch einen Gegensatz gibt.

Materialliste/Vorbereitung

- KV „Das Gegenteil von … ist …" (S. 77), in Klassenstärke kopiert
- KV „Gegenteil-Memo" (S. 78), pro Schülergruppe 2-mal kopiert (Alternativ können Sie zusätzlich für jeden Schüler zwei KVs vom Gegenteil-Memo kopieren, sodass die Schüler das Spiel auch zu Hause spielen können. Dann sollten Sie ggfs. auch einen Umschlag zum Aufbewahren der Karten bereithalten.)
- Flasche

Stundenverlauf

Einstieg (ca. 15 Minuten)

Treffen Sie sich mit Ihren Schülern im Sitzkreis. Legen Sie die Flasche in die Mitte des Kreises. Erklären Sie den Schülern, dass es bei Adjektiven auch häufig einen Gegensatz oder ein Gegenteil gibt, wie z. B. „heiß – kalt", „hell – dunkel", „nass – trocken" etc. Darum soll es in diesem Spiel gehen.
Drehen Sie nun die Flasche. Auf wen die Flasche zeigt, der muss ein Adjektiv nennen, zu dem es möglichst auch einen Gegensatz gibt.
Der Schüler, auf den das andere Ende der Flasche zeigt, muss nun den passenden Gegensatz nennen. Hat er dies geschafft, darf dieser Schüler erneut die Flasche drehen.
Leiten Sie im Anschluss zur Arbeitsphase über, indem Sie den Kindern das Arbeitsblatt „Das Gegenteil von … ist …" vorstellen und austeilen.

Arbeitsphase (ca. 15 Min.)

Die Schüler begeben sich wieder an ihre Arbeitsplätze und bearbeiten in Einzelarbeit die Aufgaben der KV „Das Gegenteil von … ist …".
Im Anschluss besprechen die Schüler mit ihrem Sitznachbarn leise ihre Ergebnisse.
Schnellere Schüler können weitere Gegensatz-Paare suchen und diese auf die Rückseite des Arbeitsblatts schreiben.
Wer hat die meisten Gegensätze gefunden?

Abschluss/Reflexion (ca. 15 Min.)

Je nach Leistungsstand Ihrer Klasse können Sie nun noch einmal im Plenum die Ergebnisse der KV „Das Gegenteil von … ist …" besprechen.
Zum Abschluss bilden Sie Gruppen von ca. drei bis fünf Schülern. Geben Sie jeder Gruppe einen Memo-Kartensatz (2-mal KV „Gegenteil-Memo"). Die Schüler spielen das Spiel nach den bekannten Memory-Regeln. Es können auch mehrere Runden gespielt werden.

Das Gegenteil von … ist …

1. Schreibe die Gegenteilpaare in die Lücken.

a) Die Frau ist

…………………………………………… .

Der Mann ist

…………………………………………… .

b) Der Stein ist

…………………………………………… .

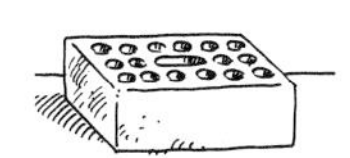

Das Kissen ist

…………………………………………… .

c) Das Eis ist

…………………………………………… .

Der Tee ist

…………………………………………… .

d) Die Zitrone ist

…………………………………………… .

Die Schokolade ist

…………………………………………… .

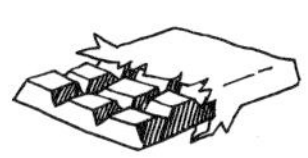

2. Ergänze die Sätze mit dem passenden Gegenteil.

a) Die Giraffe ist nicht …………………………………, sondern ………………………………… .

b) Das Kind ist nicht …………………………………, sondern ………………………………… .

c) Der Hund ist nicht …………………………………, sondern ………………………………… .

d) Das T-Shirt ist nicht …………………………………, sondern ………………………………… .

e) Der Mann ist nicht …………………………………, sondern ………………………………… .

f) Die Schnecke ist nicht …………………………………, sondern ………………………………… .

Illustrationen: Norbert Höveler

  ISBN 978-3-8346-3774-1 | www.verlagruhr.de

Gegenteil-Memo

1. **Schneidet die Karten auseinander.**
2. **Spielt das Spiel nach den Memory-Regeln.**

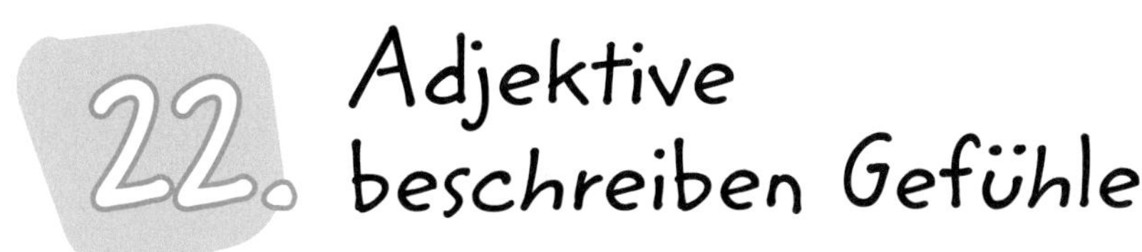

22. Adjektive beschreiben Gefühle

Grammatikalischer Inhalt

Adjektive, die Gefühle beschreiben

Kompetenzerwartungen

Die Schüler lernen weitere Adjektive, welche Gefühle beschreiben.

Materialliste/Vorbereitung

- KV „Bildkarten Gefühle" (S. 80), 1-mal kopiert und in einzelne Kärtchen zerschnitten
- KV „Wie geht es dir? Wie fühlst du dich?" (S. 81), in Klassenstärke kopiert
- Vorlesetext „Bewegungsgeschichte: Was für ein aufregender Tag" (S. 82)

Stundenverlauf

Einstieg (ca. 15 Min.)

Schreiben Sie mittig an die Tafel/das Whiteboard Gefühle. Erklären Sie den Kindern, dass es in dieser Stunde um Adjektive geht, die Gefühle beschreiben.
Nehmen Sie die Bildkarten zu den Gefühlen zur Hand und legen Sie diese auf einen Stapel auf das Pult. Nun dürfen sich Kinder abwechselnd eine Karte nehmen und dieses Gefühl in Form einer Pantomime den anderen Kindern vorspielen. Wer richtig geraten hat, darf das nächste Gefühl pantomimisch vorspielen.
Zeichnen Sie nun unter das Wort „Gefühle" eine Tabelle mit den Überschriftspalten „angenehme Gefühle" und „unangenehme Gefühle". Fordern Sie die Kinder auf, Ihnen nun gute und schlechte Gefühle zu nennen, und schreiben Sie sie in die Tabelle.
Leiten Sie nun zur Arbeitsphase über, indem Sie den Kindern die KV „Wie geht es dir? Wie fühlst du dich?" erläutern.

Arbeitsphase (ca. 20 – 25 Min.)

Verteilen Sie die KV „Wie geht es dir? Wie fühlst du dich?", welche die Schüler nun bearbeiten.
Schnellere Schüler suchen sich im Anschluss einen Partner und besprechen gemeinsam ihre Lösung des Arbeitsblatts.
Die Paare führen im Anschluss leise einzelne Dialoge durch, indem sie sich abwechselnd fragen: „Wie fühlst du dich?" Ihre Schüler überlegen sich wechselweise möglichst viele Gefühls-Adjektive und antworten im ganzen Satz.
Sobald alle Kinder fertig sind, besprechen Sie kurz gemeinsam das ausgefüllte Arbeitsblatt.

Abschluss/Reflexion (ca. 5 – 10 Min.)

Für das Ende der Stunde erläutern Sie den Kindern, dass Sie nun die Bewegungsgeschichte „Was für ein aufregender Tag" vorlesen. Dabei betonen Sie die fett gedruckten Adjektive besonders und führen die entsprechenden Bewegungen pantomimisch vor. Die Kinder versuchen, die passenden Bewegungen entsprechend nachzumachen.
Sollten Sie noch Zeit übrighaben, lesen Sie die Geschichte erneut vor. Diesmal machen Sie selbst keine Bewegungen vor, sondern betonen nur die fett gedruckten Adjektive. Die Kinder überlegen sich nun eigene, jeweils passende Bewegungen, die sie entsprechend zur Geschichte ausführen.

Bildkarten Gefühle

Wie geht es dir? Wie fühlst du dich?

1. Schreibe einen Antwortsatz mit dem Adjektiv im Bild

a) Wie geht es dir?

Ich bin müde. ....

b) Wie geht es dir?

Ich ....

c) Wie geht es dir?

....

d) Wie geht es dir?

....

2. Welches Gefühl passt zum Nomen (Hauptwort)?
Schreibe einen passenden Satz dazu.

a) die Entspannung → Er ist entspannt. ....

b) die Verliebtheit → ....

c) die Nervosität → ....

d) die Wut → ....

e) die Müdigkeit → ....

f) die Krankheit → ....

g) die Erschrockenheit → ....

 © Verlag an der Ruhr | Autorin/Autor: K. Gerritzen, J. Reschke | ISBN 978-3-8346-3774-1 | www.verlagruhr.de

Bewegungsgeschichte: Was für ein aufregender Tag!

Der Wecker klingelt richtig **laut** *((Ohren zuhalten))*. Muss ich etwa schon aufstehen? Natürlich bin ich davon sooo richtig **genervt** *((griesgrämig gucken))*.

Eigentlich bin ich ja noch total **müde** *((gähnen, recken und strecken))*.
Aber das hilft alles nichts, raus aus den Federn, heute steht ein **sportlicher** *((Kniebeugen, Klappmesser o. ä.))* Wettkampf-Tag für mich an.

Ich muss an einem **anstrengenden** *((mit der Hand über die Stirn wischen))* Lauf teilnehmen. Dafür ist es **wichtig** *((ausgestreckter Zeigefinger))*, dass ich vorher **ausgiebig** *((mit den Händen eine große Menge darstellen))* frühstücke.
Hinzu kommt, dass ich morgens sowieso immer **hungrig** *((mit der Hand über den Bauch streicheln))* bin. Also frühstücke ich **schnell** *((mit der Hand schnell mehrmals zum Mund gehen))* und packe meine Laufsachen zusammen.

Am Sportplatz angekommen, sehe ich schon viele Sportler, die gegen mich laufen werden. Manche sind **kleiner** *((mit der ausgestreckten Hand nach unten zeigen))*, manche sind **größer** *((mit der ausgestreckten Hand nach oben zeigen))*. Es gibt aber auch Gegner, die sind **dicker** *((dicken Bauch zeigen))* oder auch viel **schlanker** *((schlankes Gesicht machen))* als ich. Und dann ist da noch Oskar. Oskar war bisher immer **stärker** *((Bizeps zeigen))*. Ob ich diesmal endlich gewinne? Ich bin schon ganz **nervös** *((nervöse Mimik und Gestik))*.

Dann geht's los! Ich renne die 100 Meter so schnell ich kann. Am Ziel angekommen, fasse ich es nicht. Ich habe gewonnen! **Stolz** *((glückliches Gesicht und Victory-Zeichen))* vor Glück bekomme ich direkt die Medaille umgehängt. Meine Gegner schauen aber **traurig** *((weinen nachmachen))* aus. Und Oskar guckt besonders **erschrocken** *((mit aufgerissenen Augen schauen))*, das hätte er nie gedacht. Er ist sogar richtig **wütend** *((Zähne zeigen, auf den Boden stampfen und „grrr" machen))*.

Am Ende ist er aber doch ein **guter** *((zustimmend, wohlwollend nicken))* Verlierer und reicht mir **versöhnlich** *((mit zufriedenem Gesichtsausdruck, sich selbst die Hand geben))* die Hand.

Jetzt bin ich so richtig **glücklich** *((Arme hochwerfen und „Hurra" rufen))*. Endlich konnte ich Oskar einmal besiegen.

Illustration: Norbert Höveler

  | ISBN 978-3-8346-3774-1 | www.verlagruhr.de

23. Adjektive steigern und vergleichen

Grammatikalischer Inhalt

Steigerung der Adjektive

Kompetenzerwartungen

Die Schüler sind in der Lage, Adjektive zu steigern und Vergleiche mit „als" und „wie" zu formulieren.

Materialliste/Vorbereitung

- KV „schwer – schwerer – am schwersten" (S. 84), in Klassenstärke kopiert
- KV „Merk-Zettel: größer als – genauso groß wie" (S. 85), pro Schülergruppe 2-mal kopiert

Stundenverlauf

Einstieg (ca. 15 Min.)

Zeichnen Sie eine Tabelle mit drei Spalten an die Tafel. Schreiben Sie über die Spalten Grundstufe – Höherstufe – Höchststufe. Erklären Sie Ihren Schülern, dass man mit Adjektiven gut etwas vergleichen kann und sie steigern kann.
Notieren Sie in die erste Spalte (Grundstufe) das Adjektiv „groß". Die Kinder steigern das Adjektiv („größer", „am größten") und finden weitere Adjektivsteigerungen, welche Sie in der Tabelle festhalten.
Machen Sie den Kindern ebenfalls deutlich, dass man, wenn etwas unterschiedlich ist, die Steigerungsstufe und „als" verwendet (z. B. „kleiner als"). Wenn etwas genau gleich ist, benutzt man die Grundstufe und „wie" (z. B. „genauso klein wie").
Fordern Sie nun die Schüler auf, sich der Größe nach in einer Reihe vor der Tafel aufzustellen. Das größte Kind sagt: „Ich bin klein." Das zweitgrößte Kind sagt: „Ich bin kleiner." Das drittgrößte Kind sagt: „Ich bin am kleinsten (von uns dreien)."
Nun geht es mit den nächsten drei Kindern wieder von vorn los. Beim kleinsten Kind der Klasse angekommen, startet dieses Kind wieder mit:
„Ich bin groß." Dann das zweitkleinste Kind: „Ich bin größer." …
Lassen Sie die Kinder sich nun nach ihrem Alter aufstellen. Stellen Sie sich neben das älteste Kind und sagen Sie: „Ich bin älter als *(Name des Kindes)*". Das älteste Kind sagt dann zum zweitältesten Kind: „Ich bin älter als *(Name des Kindes)*". Beim jüngsten Kind angekommen, geht es dann wieder rückwärts die Reihe zurück mit: „Ich bin jünger als *(Name des Kindes)*".

Arbeitsphase (ca. 15 Min.)

Erklären Sie den Schülern, dass es bei den folgenden Arbeitsblättern ebenfalls um Steigerungen und Vergleiche von Adjektiven geht.
Leistungsstärkere Kinder, die mit der KV „schwer – schwerer – am schwersten" schon fertig sind, schreiben auf die Rückseite oder in ihr Heft Beispielsätze mit den Steigerungsformen.

Abschluss/Reflexion (ca. 15 Min.)

Vergleichen Sie gemeinsam die Ergebnisse der Arbeitsblätter. Sollte noch Zeit sein, spielen Sie mit den Kindern ein Ratespiel. Dafür geben Sie z. B. vor „Die Biene ist leicht. Wer kennt ein Tier, das leichter ist?" Oder: „Die Giraffe ist schwer. Wer kennt ein Tier, das schwerer ist?" Im Anschluss überlegen die Kinder eigene Fragen nach diesem Schema.

schwer – schwerer – am schwersten

Das Schwein ist schwer.

Der Schneemann ist schwer**er**.

Der Elefant ist **am** schwer**sten**.

Illustration: Norbert Höveler

1. Fülle die Tabelle aus. Die Wörter unten in den Kästen helfen dir.

2. Findest du noch ein weiteres Beispiel? Trage ein.

Grundstufe	Höherstufe	Höchststufe
dick		
	schöner	
	lauter	
		am dünnsten
lang		

schön dünn am dicksten länger am lautesten
dicker dünner am längsten laut am schönsten

ACHTUNG: Diese Adjektive sind besonders schwer, die musst du dir gut merken.

nah		
viel		
gut		
hoch		

näher besser am besten am meisten
höher am nächsten mehr am höchsten

  | ISBN 978-3-8346-3774-1 | www.verlagruhr.de

Merk-Zettel: größer als – genauso groß wie

Mit gesteigerten Adjektiven kannst du Vergleiche anstellen.

Wenn etwas **unterschiedlich** ist, sagst du zum Beispiel:
„Die Mutter ist größer als der Sohn."

Wenn etwas **genau gleich** ist, sagst du zum Beispiel:
„Der Vater ist **genauso groß wie** die Mutter".

Schreibe zu den Bildern Vergleichssätze mit den passenden Adjektiven.

schwer – leicht

Die Igel ist .... der Schmetterling.

Der Igel ist .... das Pferd.

Das Pferd ist .... die Kuh.

jung – alt

Die Enkel ist .... die Tante.

Die Oma ist .... der Enkel.

Die Oma ist .... der Opa.

lang – kurz

Der Anspitzer ist .... der Bleistift.

Das Lineal ist .... der Kugelschreiber.

Die Kugelschreiber ist .... der Bleistift.

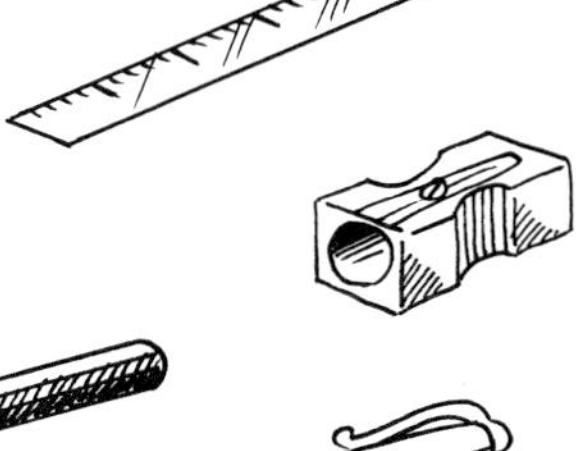

Illustrationen: Norbert Höveler

Präpositionen

24. Was sind Präpositionen?

Grammatikalischer Inhalt

lokale Präpositionen

Kompetenzerwartungen

Die Schüler kennen die Wortart Präposition und können sie von anderen abgrenzen.

Materialliste/Vorbereitung

- KV „Merk-Zettel: Was ist eine Präposition?" (S. 89), 2-mal in Klassenstärke kopiert
- KV „Was past zusammen?" (S. 90), in Klassenstärke kopiert
- KV „Präpositionen-Domino" (S. 91), in Klassenstärke kopiert
- Kekse o. Ä.

Stundenverlauf

Einstieg (ca. 20 Min.)

Erklären Sie Ihren Schülern, dass es Wörter gibt, die (einfach gesagt) anzeigen, wo sich etwas befindet. Also ein (räumliches, zeitliches o. Ä.) Verhältnis zwischen Dingen und Personen angeben, sogenannte Verhältniswörter. Verteilen Sie im Anschluss Kekse o. Ä. an jeden Schüler. Machen Sie dann verschiedene Präpositionen mehrfach vor und nennen Sie die jeweilige Präposition.
Ihre Schüler machen beides nach:

- *auf = Keks auf den Kopf*
- *hinter = Keks hinter den Rücken*
- *neben = Keks neben den Körper*
- *über = Keks über den Kopf*
- *unter = Keks unter den Tisch*
- *vor = Keks vor den Körper*
- *zwischen = Keks zwischen die Handinnenflächen*

Nachdem Sie mehrfach verschiedene Kommandos gegeben haben, beenden Sie das Spiel, indem Sie „in" sagen und sich den Keks in den Mund stecken.

Arbeitsphase (ca. 15 Min.)

Verteilen Sie den „Merk-Zettel: Was ist eine Präposition?" 2-mal an jeden Schüler sowie die Arbeitsblätter „Was passt zusammen?" und „Präpositionen-Domino". Ihre Schüler schneiden die Bildkarten des Merk-Zettels entlang der Markierungen aus und versuchen, die Karten, auf denen Worte fehlen, auszufüllen. Die bereits ausgefüllten Bildkarten liegen umgedreht auf ihrem Tisch. Sollte es Schwierigkeiten geben, können Ihre Schüler auf den fertigen Bildkarten nachschauen. Die zweite Kopie des Merk-Zettels ist zum Abheften gedacht. Dann wird die KV „Was passt zusammen?" bearbeitet. Zum Schluss wird mit einem Partner Domino gespielt. Teilen Sie Paare ein oder Ihre Schüler suchen selbstständig einen Partner. Jedes Kind bekommt eine KV „Präpositionen-Domino". Die Kinder schneiden das Domino aus. Gespielt wird nur mit einem Set. Trotzdem sollte jeder Schüler am Ende der Stunde ein Domino haben, damit später auch allein geübt werden kann. Ihre Schülerpaare spielen nun nach gängigen Domino-Regeln einige Partien.

Abschluss/Reflexion (ca. 10 Min.)

Erinnern Sie Ihre Schüler an die Merkmale einer Präposition. Im Anschluss stellen sich alle Schüler an ihren Platz und sollen Präpositionen erkennen. Stellen Sie sich vor Ihre Klasse und nennen Sie Wörter verschiedener Wortarten, darunter Präpositionen (z. B.: „über", „unter", „neben"). Wenn Ihre Schüler eine Präposition hören, heben sie die Hand. Hören Sie eine andere Wortart, bleibt die Hand unten. Sollte ein Schüler nicht die Hand heben, obwohl eine Präposition genannt wurde, muss er sich setzen; ebenso, wenn ein Schüler die Hand hebt, obwohl eine andere Wortart genannt wurde. Spielen Sie so lange, bis ein Kind übrig ist. Um das Spiel schwieriger zu machen, erhöhen Sie die Geschwindigkeit der Wortnennungen.

Merk-Zettel: Was ist eine Präposition?

Präpositionen geben ein Verhältnis zwischen Dingen und Personen an.

Lokale Präpositionen zeigen an, wo sich etwas oder jemand befindet.

1. **Schneide die Bildkarten mit den lokalen Präpositionen aus.**
2. **Fülle die Bildkarten aus, bei denen die Wörter fehlen. Falls du nicht weiterweißt, nimm die bereits ausgefüllten Bildkarten zu Hilfe.**

  ISBN 978-3-8346-3774-1 | www.verlagruhr.de

Was passt zusammen?

Verbinde die Bilder mit den richtigen Wörtern.

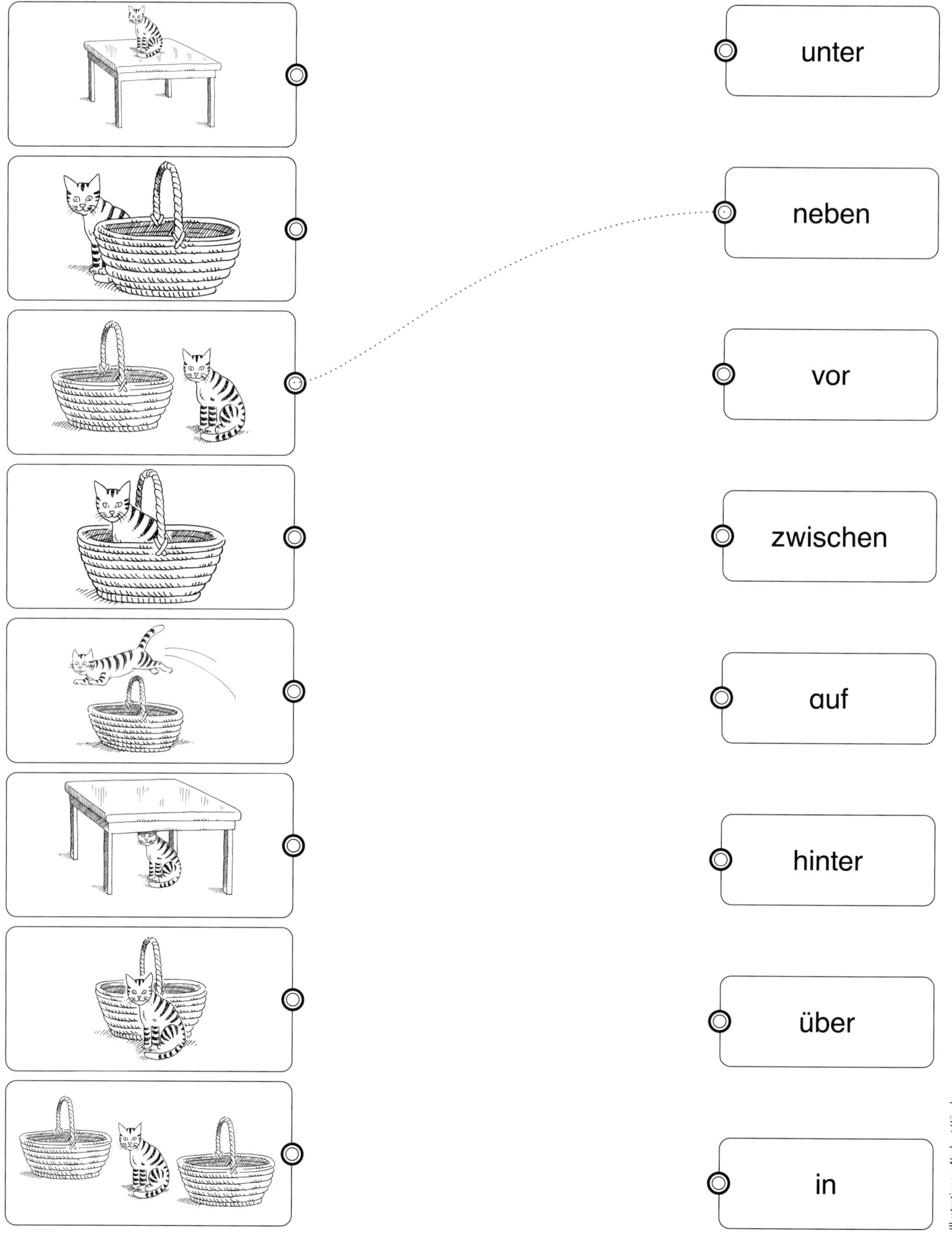

Illustrationen: Norbert Höveler

Präpositionen-Domino

Start	Illustration: Norbert Höveler
auf	Illustration: Norbert Höveler
hinter	Illustration: Norbert Höveler
neben	Illustration: Norbert Höveler
in	Illustration: Norbert Höveler
über	Illustration: Norbert Höveler
unter	Illustration: Norbert Höveler
vor	Illustration: Norbert Höveler
zwischen	Ende

25. Präpositionen üben

Grammatikalischer Inhalt

Präpositionen

Kompetenzerwartungen

Die Schüler kennen die Wortart Präposition und können sie von anderen abgrenzen.

Materialliste/Vorbereitung

- KV „Merk-Zettel: Was ist eine Präposition?" (S. 89), in halber Klassenstärke kopiert
- KVs „Präpositionen finden 1" (S. 93) und „Präpositionen finden 2" (S. 94), jeweils in Klassenstärke kopiert
- verschiedene Gegenstände, mindestens einer mehr, als Schüler in Ihrer Klasse sind

Stundenverlauf

Einstieg (ca. 15 Min.)

Versammeln Sie sich mit Ihren Schülern im Sitzkreis. Legen Sie die mitgebrachten Gegenstände über-, unter- und nebeneinander in die Mitte. Bestimmen Sie einen Schüler, der beginnt. Der Schüler sucht sich einen Gegenstand aus und beschreibt ihn, z. B.: „Mein Gegenstand liegt unter dem Heft." Die anderen Schüler sollen dann sagen, um welchen Gegenstand es sich handelt. Wurde der Gegenstand benannt, nimmt ihn der Schüler, der ihn beschrieben hat, und der nächste Schüler ist dran.

Wichtig: Manche Präpositionen sind für die Schüler unterschiedlich, je nach Standort im Sitzkreis, z. B. unterscheiden sich „über" und „unter" bei sich gegenübersitzenden Kindern im Kreis. Um es einfacher zu machen, können Sie alle Schüler auch auf einer Seite versammeln.

Variante

Sie können das Spiel auch abwandeln und als Aufgabe geben, mindestens zwei Beschreibungen zu sagen, z. B.: „Mein Gegenstand liegt unter dem Heft und neben dem Stift."

Arbeitsphase (ca. 15 Min.)

Verteilen Sie die Kopiervorlagen „Präpositionen finden 1" und „Präpositionen finden 2" an Ihre Schüler. Beide Arbeitsblätter werden nun bearbeitet. Entscheiden Sie, ob Ihre Schüler die „Bildkarten Präpositionen" als Hilfsmittel nutzen dürfen.
Sie können die beiden Arbeitsblätter auch zur Differenzierung nutzen und schwächere Schüler „Präpositionen finden 1" bearbeiten lassen und fortgeschrittene Schüler das Arbeitsblatt „Präpositionen finden 2".

Abschluss/Reflexion (ca. 15 Min.)

Ihre Schüler finden sich in 2er-Gruppen zusammen. Alternativ bestimmen Sie die Paare. Nun sollen Ihre Schüler zusammengehörende Paare wie bei einem Memory-Spiel finden. Dazu bekommt jedes Paar die KV „Bildkarten Präpositionen". Nun sollen Ihre Schüler die Bildkarten aus der oberen Hälfte und anschließend die Wörter von den Bildern ausschneiden. Ihre Schüler haben nun die Bildkarten und die zugehörigen Wörter (erkennbar dadurch, dass sie kleiner als die Bildkarten sind). Mit diesen Karten wird nun Memory gespielt.

Präpositionen finden 1

1. Sieh dir das Bild gut an.

2. Mache bei allen Sätzen ein Kreuz, bei denen die Aussage stimmt.

○ Der Sessel steht
dem Teppich.

○ Die Pflanze steht
dem Sofa.

○ Das Bild hängt
der Lampe und der Pflanze.

○ Das Bild hängt
der Decke.

○ Die Lampe steht
der Wand.

○ Die Kannen stehen
dem Fernseher.

○ Das Buch liegt
der Fernbedienung.

○ Der Fernseher steht
Regal.

Illustrationen: Norbert Höveler

 © Verlag an der Ruhr | Autorin/Autor: K. Gerritzen, J. Reschke | ISBN 978-3-8346-3774-1 | www.verlagruhr.de

Präpositionen finden 2

Illustration: Norbert Höveler

Kreuze die richtigen Antworten an.

- O Der Sessel steht auf dem Teppich.
- O Der Fernseher steht in dem Regal.
- O Die Lampe steht auf dem Tisch.

- O Der Teppich liegt auf dem Sofa.
- O Die Kissen liegen zwischen dem Sessel.
- O Das Regal steht auf dem Boden.

- O Das Glas steht zwischen den Büchern.
- O Die Flasche steht hinter dem Buch.
- O Die Pflanze steht hinter dem Sofa.

- O Die Lampe steht vor der Wand.
- O Das Bild hängt unter der Decke.
- O Der Fernseher steht neben den Sesseln.

- O Das Bild hängt zwischen der Lampe und der Pflanze.
- O Der Tisch steht vor dem Sofa.
- O Die Kannen stehen über dem Fernseher.

- O Das Buch liegt neben der Fernbedienung.
- O Der Tisch steht auf dem Regal.
- O Der Fernseher steht vor dem Sofa.

Satzglieder und Sätze

26. Was ist ein Satzglied?

Grammatikalischer Inhalt

Satzbau und Satzglieder

Kompetenzerwartungen

Die Schüler kennen die Satzstruktur mit den Satzgliedern und lernen die Umstellprobe kennen.

Materialliste/Vorbereitung

- KV „Merk-Zettel: Was ist ein Satzglied?" (S. 97), in Klassenstärke kopiert
- KV „Sätze bilden" (S. 98), in Klassenstärke kopiert; zudem braucht jedes Kind ein leeres Blatt oder Heft, Schere und Kleber

Stundenverlauf

Einstieg (ca. 15 Min.)

Erklären Sie den Kindern, dass es in dieser Stunde um den Aufbau von Sätzen geht. Die Grundbausteine von Sätzen sind die Satzglieder. Welche und wie viele Wörter zu einem Satzglied gehören, kann man durch die Umstellprobe herausfinden.
Der einfachste Satz besteht aus zwei Wörtern (Subjekt und Prädikat). Lassen Sie die Kinder einen ganz einfachen Satz nennen oder geben Sie einen Satz vor und schreiben ihn an die Tafel, z. B.: *„Ben isst."*
Kreisen Sie die beiden Satzglieder ein.
Fragen Sie, wie man diesen Satz nun verlängern könnte, z. B.: *„Ben isst einen Apfel."*
Kreisen Sie nun auch noch das dritte Satzglied (Objekt) ein. Bitten Sie die Kinder, die Satzglieder (durch die Umstellprobe) zu einem neuen Satz und einer neuen Frage umzusortieren.
Schreiben Sie die neuen Sätze an die Tafel: *„Einen Apfel isst Ben.", „Isst Ben einen Apfel?".*
Wichtig ist dabei, dass man die Wörter innerhalb der Satzglieder nicht vertauschen darf.
Verdeutlichen Sie den einfachen Satzaufbau mit seinen Satzgliedern ggfs. noch an weiteren Beispielen an der Tafel.
Leiten Sie nun zur Arbeitsphase über, indem Sie die Arbeitsblätter „Was ist ein Satzglied?" und „Sätze bilden" kurz erläutern.

Arbeitsphase (ca. 25 Min.)

Teilen Sie nun die KVs „Was ist ein Satzglied?" und „Sätze bilden" aus. Für die KV „Sätze bilden" benötigen die Schüler zusätzlich jeweils eine Schere und einen Klebstift. Die Kinder bearbeiten die Arbeitsblätter in Einzelarbeit. Leistungsstarke Kinder können im Anschluss noch weitere Sätze bilden, aufschreiben und dann wiederum umstellen.

Abschluss/Reflexion (ca. 5 Min.)

Besprechen Sie die KV „Was ist ein Satzglied?" und „Sätze bilden". Bitten Sie die Schüler, die kompletten Sätze vorzulesen.
Haben Sie gegen Ende der Stunde noch Zeit, sammeln Sie weitere einfache Sätze an der Tafel. Die Kinder kommen abwechselnd nach vorn und kreisen die Satzglieder ein. Mit der Umstellprobe nennen Sie passend zu diesen Satzgliedern weitere Sätze.

Merk-Zettel: Was ist ein Satzglied?

Ein **Satz** besteht aus mehreren **Satzgliedern**.

Satzglieder sind **Wörter oder Wortgruppen**, die im Satz verschoben werden können.

Wenn du den Satz umstellst, findest du leicht die Satzglieder heraus.

Die Wörter, die zusammenbleiben, bilden ein Satzglied.

Das Mädchen	schreibt	einen langen Brief.
Einen langen Brief	schreibt	das Mädchen.
Schreibt	das Mädchen	einen langen Brief?

Wie kann ich den Satz umstellen?

1. **Kreise die Satzglieder in den Sätzen ein.**
2. **Stelle die Satzglieder in einen neuen Satz und in eine Frage um.**
   Jedes Satzglied soll genau einmal vorn stehen.

a) Jan spielt mit seinem neuen Fußball.

?

b) Das Ei stinkt besonders übel.

?

c) Der blonde Uli reitet auf einem Elefanten.

?

Illustrationen: Norbert Höveler

© Verlag an der Ruhr | Autorin/Autor: K. Gerritzen, J. Reschke | ISBN 978-3-8346-3774-1 | www.verlagruhr.de

Sätze bilden

1. **Schneide die Satzglieder aus.**
2. **Klebe die Satzglieder zu einem passenden Satz zusammen.**
3. **Schreibe noch 2 andere Möglichkeiten unter deinen zusammengeklebten Satz. Kreise die Satzglieder ein.**

a) | reitet | der Cowboy | schnell | durch die Wüste |

b) | fahren | Ina und Fatima | mit dem Zug | nach Hamburg |

c) | kocht | meine Mutter | eine leckere Suppe | mir |

d) | kommt | aus dem Bett | morgens | ungern | Mia |

Cowboy/Pferd: Bettina Weyland; alle anderen Illustrationen: Norbert Höveler

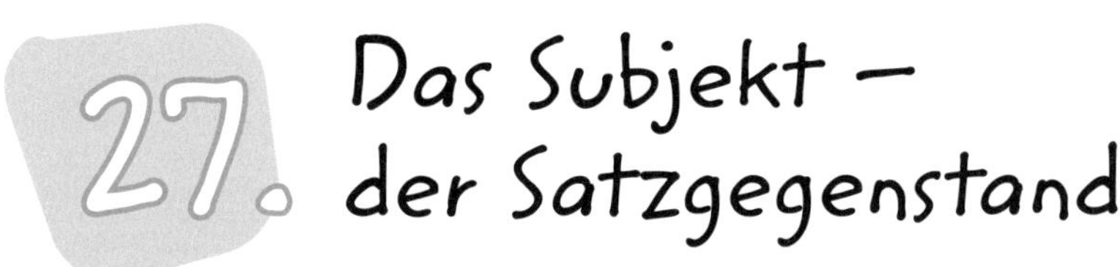

27. Das Subjekt – der Satzgegenstand

Grammatikalischer Inhalt

das Satzglied Subjekt als Satzgegenstand

Kompetenzerwartungen

Die Schüler lernen das Subjekt als Satzglied kennen und bestimmen das Subjekt mit der Frage „Wer oder was tut etwas?".

Materialliste/Vorbereitung

- KV „Merk-Zettel: Was ist ein Subjekt?" (S. 100), in Klassenstärke kopiert
- KV „Wer oder was …?" (S. 101), in Klassenstärke kopiert

Stundenverlauf

Einstieg (ca. 10 Min.)

Schreiben Sie als stummen Impuls „Wer oder was …?" an die Tafel. Stellen Sie im Anschluss eine Frage, wie *„Wer oder was hat eine Katze?"*.
Schreiben Sie die Antwort unter die Frage: *„Paul hat eine Katze"*. Kreisen Sie „Paul" ein und erläutern Sie den Kindern, dass in diesem Satz „Paul" das Subjekt ist. Schreiben Sie neben „Wer oder was …?" noch „das Subjekt".
In jedem vollständigen Satz gibt es ein Subjekt, es ist der Satzgegenstand des Satzes. Nach dem Subjekt (welches auch aus mehreren Wörtern bestehen kann) fragt man mit: „Wer oder was tut etwas?"
Stellen Sie weitere „Wer oder was-Fragen" oder lassen Sie die Kinder weitere Fragen stellen und schreiben Sie die Antworten im ganzen Satz an die Tafel. Erneut wird das Subjekt eingekreist.
Leiten Sie nun zur Arbeitsphase über, indem Sie die Arbeitsblätter „Was ist ein Subjekt?" und „Wer oder was …?" erläutern.

Arbeitsphase (ca. 20 Min.)

Teilen Sie nun die KVs „Was ist ein Subjekt?" und „Wer oder was …?" aus. Die Kinder können die Arbeitsblätter in Einzel- oder Partnerarbeit bearbeiten. Leistungsstarke Kinder können im Anschluss noch weitere Fragen aufschreiben und dazu passende Antworten bzw. Subjekte finden.
Sollten Sie das Arbeitsblatt „Wer oder was …?" in der Arbeitsphase nicht mehr schaffen, können Sie es auch gut als Hausaufgabe mit nach Hause geben.

Abschluss/Reflexion (ca. 15 Min.)

Besprechen Sie kurz die Lösungen der oben genannten KVs.
Die Kinder stellen sich nun im Kugellager auf (siehe S. 67). Dazu gibt es einen Innen- und einen Außenkreis. Dabei stehen sich immer zwei Kinder genau gegenüber. Nun stellt zunächst das Kind im Innenkreis in gedämpfter Lautstärke (da ja nun alle Innenkreis Kinder zeitgleich sprechen) dem gegenüberstehenden Kind im Außenkreis eine beliebige „Wer oder was-Frage", z. B. *„Wer oder was mag Brokkoli?"*. Das Kind im Außenkreis gibt eine passende Antwort, z. B. *„Meine Tante mag Brokkoli."*
Nun muss das Innenkreis-Kind das entsprechende Subjekt in diesem Satz nennen *„‚Meine Tante' ist das Subjekt in deinem Satz."*
Nachdem alle Paare fertig sind, dreht sich der Außenkreis um eine Person nach rechts und die Außenkreis-Kinder stellen diesmal eine weitere Frage, welche das entsprechende Innenkreis-Kind beantworten muss.

Merk-Zettel: Was ist ein Subjekt?

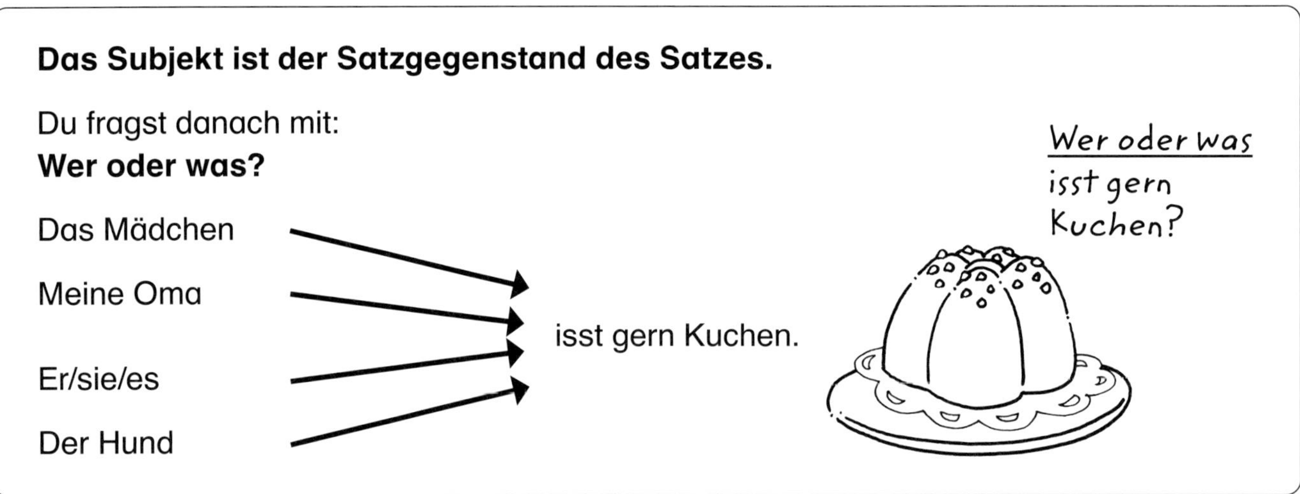

Das Subjekt ist der Satzgegenstand des Satzes.

Du fragst danach mit:
Wer oder was?

Das Mädchen
Meine Oma
Er/sie/es
Der Hund

isst gern Kuchen.

1. Schreibe eine Frage nach dem Subjekt auf.

2. Kreise das Subjekt in dem Satz ein.

a) **Das Leben** ist schön.

→ Wer oder was ist schön? ......

b) Morgen besuche ich meinen Opa.

→ ......

c) Den grünen Salat mag die kleine Raupe gar nicht.

→ ......

d) Macht der Wasserfall viel Lärm?

→ ......

e) Toms Zahn bereitet ihm große Schmerzen.

→ ......

Illustrationen: Norbert Höveler

Wer oder was …?

1. Verbinde die Frage mit der richtigen Antwort.

2. Schreibe die passende Antwort als ganzen Satz auf.

Wer oder was schleckt die Milch?	Der Stift …………
Wer oder was ist blau?	Der Himmel …………
Wer oder was schreibt gut?	Die Katze schleckt die Milch.
Wer oder was steht im Regal?	Der Fisch …………
Wer oder was schwimmt im Meer?	Das Buch …………

Das Prädikat – der Satzkern

Grammatikalischer Inhalt

das Satzglied Prädikat als Satzkern oder auch Satzaussage

Kompetenzerwartungen

Die Schüler lernen das Prädikat als Satzglied kennen und bestimmen das Prädikat mit der Frage „Was tut jemand?", „Was macht jemand?", Was passiert?". Sie kennen die Prädikatsklammer.

Materialliste/Vorbereitung

- KV „Bildkarten Verben" (S. 52), 1-mal kopiert und ausgeschnitten
- KV „Merk-Zettel: Was ist ein Prädikat?" (S. 103), in Klassenstärke kopiert
- KV „Merk-Zettel: Schwierige Prädikate" (S. 104), in Klassenstärke kopiert

Stundenverlauf

Einstieg (ca. 10 Min.)

Sagen Sie den Kindern, dass sie heute das Prädikat als Satzglied kennenlernen.
Schreiben Sie „Prädikat" an die Tafel.
Erklären Sie, dass es in jedem vollständigen Satz ein Subjekt (Wer oder was?) und ein Prädikat gibt. Nach dem Prädikat fragt man mit „Was tut …?"
Nehmen Sie den Stapel der „Bildkarten Verben" (von S. 52) und lassen Sie einige freiwillige Kinder abwechselnd eine Verbkarte ziehen. Das Kind, das eine Karte gezogen hat, macht nun den anderen Kindern das Verb pantomimisch vor. Das Kind, das die Tätigkeit erraten hat (z. B. „schreiben"), nennt nun einen kurzen Satz mit dem Verb (z. B. „Lea schreibt einen Brief").
Entweder das Kind oder Sie schreiben diesen Satz an die Tafel. Im Anschluss fragen Sie nach dem Prädikat: „Was tut Lea?".
Unterstreichen Sie das Prädikat „schreibt" im Satz.
Lassen Sie nun noch weitere Verben pantomimisch darstellen, sodass daraus weitere Beispielsätze entstehen. Jeder Satz wird an die Tafel geschrieben und das Prädikat jeweils unterstrichen.
Im Zuge dessen wird den Kinder sicherlich schon auffallen, dass das Prädikat immer an 2. Stelle im Satz steht.
Wenn Sie nun aus diesen Sätzen mit der Umstellprobe eine Frage erstellen, wird deutlich, dass das Prädikat dann jeweils an erster Stelle steht: „Schreibt Lea einen Brief?"
Leiten Sie nun zur Arbeitsphase über, indem Sie die Arbeitsblätter „Merk-Zettel: Was ist ein Prädikat?" und „Merk-Zettel: Schwierige Prädikate" erläutern.

Arbeitsphase (ca. 20 Min.)

Teilen Sie nun die KVs „Merk-Zettel: Was ist ein Prädikat?" und „Merk-Zettel: Schwierige Prädikate" aus. Die Kinder arbeiten zunächst in Einzelarbeit. Das Lösungswort der KV „Merk-Zettel: Was ist ein Prädikat?" lautet „GEBURTSTAGSKIND".
Den zweiten Teil des Arbeitsblatts „Merk-Zettel: Schwierige Prädikate" erarbeiten die Kinder möglichst in Partnerarbeit.

Abschluss/Reflexion (ca. 15 Min.)

Bitten Sie die Kinder, einige ihrer Sätze vorzulesen. Überprüfen Sie gemeinsam mit den Kindern, ob es sich um grammatikalisch korrekte Aussagesätze handelt.
Lassen Sie ein Kind zusammenfassen, was es über Prädikate gelernt hat.

Merk-Zettel: Was ist ein Prädikat?

Das Prädikat ist der **Satzkern des Satzes.**
Das Prädikat ist immer **ein Verb**. Du fragst danach mit:
Was tut ...? Was macht ...? Was passiert?

In **Aussagesätzen** steht das Prädikat immer an **zweiter Stelle**.

Der Vogel

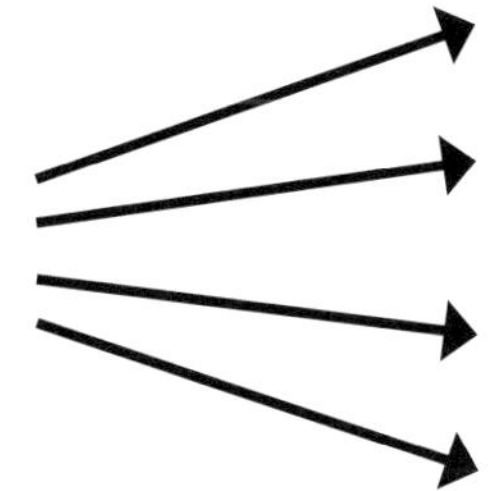

fliegt in den Himmel.
singt ein Lied.
darf länger **schlafen**.
pickt die Körner **auf**.

In **Fragesätzen** steht das Prädikat immer an **erster Stelle**.

Fliegt der Vogel in den Himmel?

Pickt der Vogel die Körner **auf**?

ACHTUNG:
Ein Prädikat kann aus mehreren Wörtern bestehen.

1. **Lies die Sätze. Kreise das Prädikat ein.**
2. **Trage den Buchstaben hinter dem Prädikat unten auf den Strichen ein.**
   Wie lautet das Lösungswort?

Can (A) geht (G) durch den Wald. Auf einmal hört (E) er (S) ein komisches Geräusch (X). Was passiert (B) da? Schnell läuft (U) Can (V) zu einem Baum. Jetzt sieht (R) er es genauer (G). Da raschelt (T) doch tatsächlich ein kleiner Vogel (M). Sieht (S) der Vogel (P) ihn auch? Der Vogel (Ü) zieht (T) verzweifelt an einem dicken Wurm (Q) in der Erde. Aber der Wurm (Y) wehrt sich (A). Can (K) hat (G) Mitleid mit dem Wurm. Daher klatscht (S) er in die Hände (B). Der Vogel (C) erschreckt sich (K). Er lässt den Wurm (T) los (I) und fliegt weg (N). Der Wurm freut sich (D).

....	....	....	....	....	....	....	....	....	....	....	....	....	....	....
1	2	3	4	5	6	7	8	9	10	11	12	13	14	15

Illustrationen: Norbert Höveler

  ISBN 978-3-8346-3774-1 | www.verlagruhr.de

Merk-Zettel: Schwierige Prädikate

Einige Prädikate sind nicht so einfach zu finden.
Sie ergeben sich aus den Verben „haben“ und „sein“.

Diese kannst du mit der Frage „Was tut …?“ nicht erkennen.
Diese musst du dir einfach merken.

1. **Kreise in den Sätzen die Prädikate ein.**
2. **Zu welchem Verb gehört das Prädikat? Verbinde.**

a) Yasin hat Kopfschmerzen. ◎ ······ ◎ haben

b) Du bist sehr nett. ◎

c) Ihr habt großes Glück gehabt. ◎

d) Im Urlaub waren sie in der Türkei. ◎

e) Heute ist ein schöner Tag. ◎

◎ **sein**

◎ **haben**

Es gibt auch 2-teilige Prädikate.
Sie umklammern die anderen Satzglieder und bilden eine Prädikatsklammer.

Ein Verb wird im Satz geteilt.
vorlesen → Leo **liest** das Buch **vor**.

Ein Verb steht in der Vergangenheit oder Zukunft.
vorlesen → Leo **hat** das Buch **vorgelesen**.
Leo **wird** das Buch **vorlesen**.

3. **Suche dir einen Partner.**
4. **Überlege dir mit deinem Partner 4 weitere Beispiel-Sätze mit einem Prädikat zu „sein“ oder „haben“.**
5. **Schreibt sie auf die Rückseite des Blattes. Kreist die Prädikate ein.**
6. **Schreibt 4 weitere Sätze mit einer Prädikatsklammer auf, wie im Kasten oben.**
7. **Kreist die Prädikate mit der Prädikatsklammer ein.**

Diese Wörter können euch helfen:

nachdenken vorstellen mitnehmen auftauen
vorsingen zurückgeben einpacken aufschreiben

Illustrationen: Norbert Höveler

Das Objekt als Satzergänzung

Grammatikalischer Inhalt

Satzglieder Akkusativ- und Dativ-Objekt als Satzergänzungen

Kompetenzerwartungen

Die Schüler lernen das Objekt als Satzglied kennen. Sie bestimmen das Akkusativ-Objekt mit der Frage „Wen oder was …?" und das Dativ-Objekt mit der Frage „Wem?".

Materialliste/Vorbereitung

- KV „Merk-Zettel: Akkusativ-Objekt und Dativ-Objekt" (S. 106), in Klassenstärke kopiert
- KV „Subjekt-Prädikat-Objekt-Sätze" (S. 107), in Klassenstärke kopiert

Stundenverlauf

Einstieg (ca. 10 Min.)

Erklären Sie den Kindern, dass sie heute das Objekt als Satzglied kennenlernen.
Ihre Schüler nennen einen kurzen Satz und Sie schreiben diesen an die Tafel, z. B.: *„Tom isst ein Brot"*.
Wiederholen Sie bei diesem Satz zunächst, dass *„Tom"* das Subjekt und *„isst"* das Prädikat ist.
Erklären Sie, dass es als weitere Satzergänzung auch noch ein Objekt geben kann.
In diesem Fall ist es das Akkusativ-Objekt, „ein Brot", welches man mit der Frage „Wen oder was?" identifizieren kann. Kreisen Sie das Objekt ein und schreiben Sie „Wen oder was?" dahinter.
Schreiben Sie nun einen kurzen Beispiel-Satz mit einem Dativ-Objekt an die Tafel, z. B.: „Tim hilft seiner Mutter".
In diesem Satz ist „seiner Mutter" das Dativ-Objekt, welches man mit der Frage „Wem?" erfragen kann.
Es gibt aber auch Sätze, in denen es mehrere Objekte gibt. Schreiben Sie auch dafür Beispiel-Sätze an die Tafel und lassen Sie von den Kindern die Satzglieder bestimmen, z. B.: „Tom (S) schreibt (P) seiner Oma (Dativ-O) einen Brief (Akkusativ-O)." oder „Ich (S) schenke (P) Papa (Dativ-O) ein Bild (Akkusativ-O)."
Leiten Sie nun zur Arbeitsphase über. Erklären Sie den Kindern zunächst einmal die Aufgaben des Arbeitsblatts „Merk-Zettel: Akkusativ-Objekt und Dativ-Objekt" und im Anschluss daran die Gruppenarbeit des Arbeitsblatts „Subjekt-Prädikat-Objekt-Sätze".

Arbeitsphase (ca. 20 Min.)

Teilen Sie nun die beiden KVs aus. Die Kinder bearbeiten zunächst in Einzelarbeit das Arbeitsblatt „Merk-Zettel: Akkusativ-Objekt und Dativ-Objekt".
Im Anschluss daran setzen sie sich in Kleingruppen zusammen und schreiben zusammen die S-P-O-Sätze.
Sollte noch Zeit übrig sein, könnten die Kinder auch jeweils die S-P-O-Spalten nach hinten wegknicken, sodass man nicht sehen kann, was der Vorgänger aufgeschrieben hat.
So entstehen lustige Quatschsätze.

Abschluss/Reflexion (ca. 15 Min.)

Bitten Sie die Kinder, ihre Sätze vorzulesen. Überprüfen Sie gemeinsam mit den Kindern, ob es sich um grammatikalisch korrekte Aussagesätze handelt.

Merk-Zettel: Akkusativ-Objekt und Dativ-Objekt

Das Akkusativ-Objekt und auch das Dativ-Objekt ist eine Satzergänzung. Nicht jeder Satz muss eine Ergänzung haben.

Nach dem **Akkusativ-Objekt** fragst du mit:
Wen oder was?

Der Hund sucht → sein Herrchen. / → den Knochen. / → die Maus.

Wen oder was sucht der Hund?

Nach dem **Dativ-Objekt** fragst du mit:
Wem?

Die Tasche gehört → dem Mädchen. / → ihrer Mutter. / → keinem.

Wem gehört die Tasche?

Illustrationen: Norbert Höveler

1. **Kreuze an. Ist das angegebene Objekt ein Dativ-Objekt oder ein Akkusativ-Objekt?**

2. **Schreibe die passende Frage dazu.**

	Akkusativ-Objekt?	**Dativ-Objekt?**	**Du fragst danach mit:**
Die Maus hat **einen langen Schwanz**.	☒	○	Wen oder was hat die Maus?
Jana dankt **ihrer Mutter**.	○	○	
Emre schenkt **Elin** ein Buch.	○	○	
Peter hilft seinem **Vater**.	○	○	
Morgen besuche ich **meine Oma**.	○	○	

Subjekt-Prädikat-Objekt-Sätze

1. Setzt euch als Kleingruppe zusammen.
   Jeder Schüler hat ein Arbeitsblatt und schreibt zunächst ein Subjekt in die Tabelle.
2. Gebt das Blatt einen Mitschüler weiter nach rechts.
   Jeder schreibt nun ein Prädikat hinter das Subjekt.
3. Dann gebt ihr das Blatt erneut weiter. Tragt nun ein passendes Objekt ein.
4. Gebt das Blatt so oft weiter, bis eure Tabelle voll ist.

Subjekt *Wer oder was?*	**Prädikat** *Was tut/macht man?*	**Objekt** *Wen oder was? Wem?*

30. Adverbiale Bestimmung des Ortes und der Zeit

Grammatikalischer Inhalt

die Satzglieder „adverbiale Bestimmung der Zeit" und „adverbiale Bestimmung des Ortes" als Satzergänzungen

Kompetenzerwartungen

Die Schüler lernen die adverbiale Bestimmung der Zeit (Wann? Seit wann? Bis wann? Wie lange?) sowie die adverbiale Bestimmung des Ortes (Wo? Wohin? Woher?) als Satzglieder kennen.

Materialliste/Vorbereitung

- KV „Merk-Zettel: Adverbiale Bestimmung des Ortes und der Zeit" (S. 109), in Klassenstärke kopiert
- KV „Nach dem Ort fragen" (S. 110), in Klassenstärke kopiert
- KV „Nach der Zeit fragen" (S. 111), in Klassenstärke kopiert

Stundenverlauf

Einstieg (ca. 20 Min.)

Erklären Sie Ihren Schülern, dass es in dieser Stunde um Orte und die Zeit geht.
Positionieren Sie dann einige Schüler an bestimmten Stellen in Ihrer Klasse (z. B. in einer Ecke, vor der Tafel, am Waschbecken etc.).
Fragen Sie dann, WO sich diese Schüler befinden, und schreiben Sie die Antworten an die Tafel/an das Whiteboard. Lassen Sie nun einige Schüler an bestimmte Stellen laufen und fragen Sie anschließend, WOHIN diese Schüler gegangen sind. Notieren Sie die Antworten ebenfalls an der Tafel/dem Whiteboard.
Sagen Sie nun einem weiteren Schüler, dass er die Klasse verlassen und anschließend wieder betreten soll. Fragen Sie dann, WOHER dieser Schüler gekommen ist, und notieren Sie die Antwort wieder an der Tafel/dem Whiteboard.
Fragen Sie Ihre Schüler, ob sie sagen können, welcher Teil jedes Satzes Auskunft über den jeweiligen Ort gibt. Helfen Sie ggf. und unterstreichen Sie die adverbialen Bestimmungen des Ortes.
Erklären Sie nun, dass man nach der adverbialen Bestimmung des Ortes mit „Wo?", „Wohin?" und „Woher?" fragt und die jeweilige Antwort auf die Frage der Ort ist.
Nun soll es um die Zeit gehen. Fragen Sie Ihre Schüler z. B.: „Wann ist die Schule aus?", „Seit wann gehst du zur Schule?", „Wie lange dauert eine Schulstunde?".
Schreiben Sie die Antworten wieder an. Fragen Sie Ihre Schüler nun, ob sie sagen können, welcher Teil jedes Satzes Auskunft über die jeweilige Zeit gibt. Helfen Sie ggf. und unterstreichen Sie die entsprechenden Stellen.
Erklären Sie nun, dass man nach der Zeit mit „Wann?", „Seit wann?", „Bis wann?" und „Wie lange?" fragt und die jeweilige Antwort auf die Frage die adverbiale Bestimmung der Zeit ist.

Arbeitsphase (ca. 20 Min.)

Verteilen Sie die KVs „Merk-Zettel: Adverbiale Bestimmung des Ortes und der Zeit", „Nach dem Ort fragen" und „Nach der Zeit fragen" an Ihre Schüler.
Ihre Schüler bearbeiten nun die Aufgaben selbstständig. Unterstützen Sie sie ggf.

Abschluss/Reflexion (ca. 5 Min.)

Bitten Sie die Kinder, Ihre Fragen und Antworten der KVs „Nach dem Ort fragen" und „Nach der Zeit fragen" vorzulesen. Überprüfen Sie gemeinsam mit den Kindern, ob die Fragen und Antworten stimmen und die adverbialen Bestimmungen somit korrekt identifiziert wurden.

Merk-Zettel: Adverbiale Bestimmung des Ortes & der Zeit

Die adverbiale Bestimmung ist eine Satzergänzung.
Nicht jeder Satz muss eine Ergänzung haben.

Nach der **adverbialen Bestimmung des Ortes** fragst du mit:

Wo? Wohin? Woher?

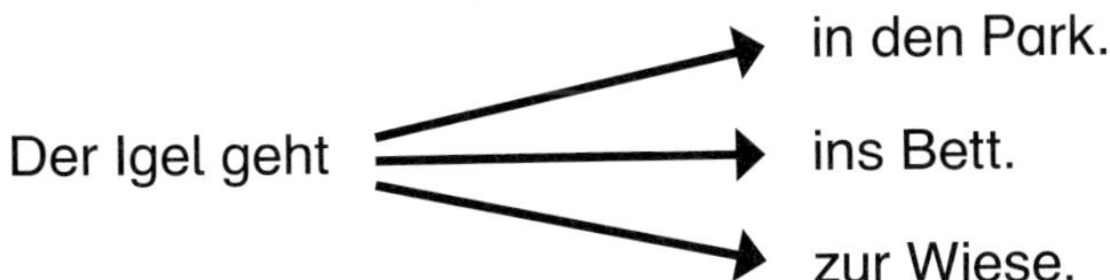

Wohin geht der Igel?

Nach der **adverbialen Bestimmung der Zeit** fragst du mit:
Wann? Seit wann? Wie lange? Bis wann?

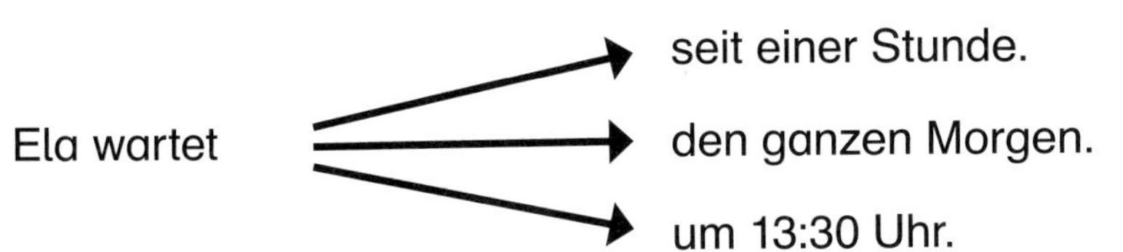

Illustrationen: Norbert Höveler

In den folgenden Sätzen findest du adverbiale Bestimmungen der Zeit und des Ortes.

Unterstreiche die adverbialen Bestimmungen der Zeit in Rot, die adverbialen Bestimmungen des Ortes in Blau:

a) Tim geht ins Fußballstadion.

b) Mila ist seit mittags im Schwimmbad.

c) Hanna geht in den Zirkus.

d) Jona fährt um 14 Uhr mit dem Zug.

e) Jasmin spielt gern den ganzen Tag draußen.

f) Ella klettert auf den Berg.

g) Paul kommt aus dem Kino.

h) Hannes hat um 16 Uhr Basketball-Training.

i) Alle Kinder gehen in die Schule.

Nach dem Ort fragen

Nach der adverbialen Bestimmung des Ortes fragst du mit:

Wo? Wohin? Woher?

Illustration: Norbert Höveler

1. Frage nach dem Ort und beantworte die Frage.

2. Unterstreiche die adverbiale Bestimmung des Ortes.

Lina geht in die Schule.

Frage: Wohin geht Paula? Antwort: In die Schule.

Tim kommt aus der Sporthalle.

Frage: .... Antwort: ....

Im Schwimmbad sind viele Menschen.

Frage: .... Antwort: ....

Karim macht Urlaub in Spanien.

Frage: .... Antwort: ....

Essen kann man im Supermarkt kaufen.

Frage: .... Antwort: ....

Sara geht ins Kino.

Frage: .... Antwort: ....

Kleine Kinder gehen in den Kindergarten.

Frage: .... Antwort: ....

Im Sommer fährt Emma ins Ferienlager.

Frage: .... Antwort: ....

Nach der Zeit fragen

Nach der adverbialen Bestimmung der Zeit fragst du mit:

Wann? Seit wann? Bis wann? Wie lange?

Illustration: Norbert Höveler

1. **Frage nach der Zeit und beantworte die Frage.**
2. **Unterstreiche die adverbiale Bestimmung der Zeit.**

Lina geht seit 2 Jahren in die Schule.

Frage: Seit wann geht Lina in die Schule? Antwort: Seit zwei Jahren.

Der Flug dauert 2 Stunden.

Frage: ………… Antwort: …………

Der Fernseher läuft seit 3 Stunden.

Frage: ………… Antwort: …………

Meli geht abends immer früh ins Bett.

Frage: ………… Antwort: …………

Das Training dauert immer bis 19 Uhr.

Frage: ………… Antwort: …………

Der Film beginnt um 15 Uhr.

Frage: ………… Antwort: …………

Die Autofahrt dauert sehr lange.

Frage: ………… Antwort: …………

Seit 3 Jahren sitzt Elif neben Ben.

Frage: ………… Antwort: …………

